法理四篇

喻中 著

中国法制出版社
CHINA LEGAL PUBLISHING HOUSE

序

朱子的《四书章句集注》是关于《大学》《中庸》《论语》《孟子》的研究，它既是“朱注四书”的成果，也是“四书注朱”的结晶。晚年的朱子反复研究这四篇文献，反复修订自己的“章句集注”，缘于他对这四篇文献重要性的确信，同时也缘于他对孔子、曾子、子思、孟子所承载的儒家道统的确信。同样，本书也是关于四篇文献的研究，这四篇文献分别是《家庭、私有制和国家的起源》、《共产党宣言》、《中国共产党章程》总纲（以下简称党章总纲）、《中华人民共和国宪法》序言（以下简称宪法序言）。对于当代中国的文明秩序来说，这四篇著作也很重要。在这里，且把我关于这四篇文献的研究铸成一书，并题名为《法理四篇》，以之阐释当代中国的文明秩序原理，同时也以之作为向朱子及其《四书章句集注》礼敬之书。

有读者可能会提出质疑，且不说朱子之后，就是近代以来，以各种方式生成的汉语文献数不胜数，何止千万，为什么要刻意选出这四篇文献并予以专门研究？把这四篇文献凝聚起来的精魂到底是什么？显然，这是一个不容回避的问题，有必要在此略作交待。

在当下的中国，有一个基本的共识是：在以国家的名义公开发表的各种文献中，宪法具有最高的权威，不仅因为宪法是全国人民代表大会通过法定程序正式确认的文献，而且，即使是在全国人民代表大会通过法定程序正式确认的众多文献中，宪法依然享有权威性最高的地位。单就宪法文本来看，它的正文部分是宪法条款，是需要遵循的宪法规范；它的序言部分既有规范性，同时也是一篇严格的思想理论文献。因此，在以国家的名义正式发表的各种思想理论文献中，宪法序言可以说是权威性最高的思想理论文献。这是宪法序言的特殊性，也是宪法序言在当代汉语文献中占据的特殊地位。

与宪法并立的文献是党章。党章在党内的地位，就相当于宪法在国内的地位。党章的结构就像宪法的结构：总纲部分在前，条款部分在后。根据同样的逻辑，党章的总纲相当于宪法的序言。与宪法序言一样，党章总纲也是一篇严格的思想理论文献。党章总纲是中国共产党人严肃而庄重的自我表达，是中国宪法第1条规定的“中国共产党领导是中国特色社会主义最本质的特征”之理论依据与思想基础。历史地看，党章总纲就相当于当代中国的《共产党宣言》。在以党的名义正式发表的所有文献中，党章总纲同样是权威性最高的思想理论文献。这是党章总纲的特殊性，也是党章总纲在当代汉语文献中占据的特殊地位。

把党章总纲理解为当代中国的《共产党宣言》，是对党章总纲的历史定位。反过来说，1848年诞生的《共产党宣言》，未尝不可以理解为党章总纲之滥觞。《共产党宣言》的性质与功能，就相当于国际共产主义运动早期各国无产阶级政党共同的党章之总纲。因此，从当代中国的党章总纲上溯至《共产党宣言》，就是一个顺理成章的方向。而且，当代中国始终坚持马克思主义的指导地位，在马克思主义的文献体系中，《共产党宣言》提出了直接而明确的纲领，按照《共产党宣言》的自我定位，这是一篇由“共产党人向全世界公开说明自己的观点、自己的目的、自己的意图”的正式文献，直至今日，依然在为所有真正的共产党人提供思想指南。

至于《家庭、私有制和国家的起源》一书，则需要多说几句。从表面上看，它远离现实，是根据人类学家摩尔根的《古代社会》一书所做出的研究，是一部比较纯粹的人类学学术著作。其实不然。在马克思主义的思想理论体系中，《家庭、私有制和国家的起源》乃是一部意深旨远的奠基之作，它在马克思主义文献体系中的地位，就相当于“创世记”——这是一个比方，旨在说明《家庭、私有制和国家的起源》对于马克思主义的意义。

在当代中国，倘若要回顾20世纪中叶以来跟政治、国家、法有关的思想、理论、意识形态，倘若要追根溯源，那就很难避开《家庭、私有制和国家的起源》一书所确立的基本范式。倘若回溯得更远一些，还可以发现，传统中国有俯视天下的历代王朝，传统中国注重修身齐家治国平天下——其中当然有作为“家”与“天下”之中间环节的“国”，但是，传统中国并没有万国体系中的现代国家。对此，早在1887年的《日本国志》一书中，黄遵宪已经有所省悟，他说：“考地球各国，若英吉利、若法兰西，皆有全国总名，独中国无之”。1901年，梁启超在《中国史叙论》一文中又提出：“吾人所最惭愧者，莫如我国无国名之一事。寻常通称，或曰诸夏，或曰汉人，或曰唐人，皆朝名也。外人所称，或曰震旦，或曰支那，皆非我所自命之名也。”

令黄遵宪不安、让梁启超惭愧的问题，随着中华民国在1912年的成立，特别是随着中华人民共和国在1949年的成立，总算得到了解决：我们有了正式的国家之名。但是，随之而来的问题是：国家之实又是什么？或者说，现代意义上的国家到底是什么？现代意义上的国家从何而来？又将到何处去？置身于20世纪正式建立的现代国家，我们应该如何理解国家的由来？这确实是一个基础性的问题。《家庭、私有制和国家的起源》回答了这个问题，同时也论述了相关问题，并由此建构了一个基础性的解释框架。古往今来，无问西东，不论南北，一切个体、团体、政党、政权，一切政治、经济、社会、文化，一切思想、观念、理论、学说，都在这个解释框架中出场。这是一个无远弗届的解释框架，它解释了人类的过去、现在与未来，它描述了人类的起点与终点。从逻辑上说，1848年诞生的《共产党宣言》，当代中国形成的党章总纲与宪法序言，都可以在这个框架中找到它的位置——它们都是在这个框架中应运而生、应时而起、应势而成的。

众所周知，《家庭、私有制和国家的起源》是恩格斯独立署名的著作。这篇著作首次出版于1884年，而马克思已于1883年辞世了。然而，无论是在精神层面上还是在实质意义上，这篇著作都可以看作是马克思与恩格斯共同完成的作品，对此，本书在正文里已有专门的论证，这里不再重复。从时间上看，《共产党宣言》发表在前，《家庭、私有制和国家的起源》发表在后，其间相距36年，自然的顺序是先有《共产党宣言》，后有《家庭、私有制和国家的起源》。但是，本书并未遵循这样的自然顺序。因为，研究人类的起源、国家的起源，乃是马克思晚年的宿愿，甚至也是他的遗愿。由马克思开其端绪、由恩格斯最终完成的《家庭、私有制和国家的起源》是他们追根溯源之作——用中国古话来说，这是一篇“究天人之际，通古今之变”的著作。在马克思主义的经典文献体系中，这篇著作以研究起源的方式，构成了一切言说的依据和起点。退回到最初的源头，就是走向理论的最深处。为什么要把关于《家庭、私有制和国家的起源》一书的研究作为这部《法理四篇》的首篇，原因就在这里。

叙述至此，可以看到这四篇经典文献之间的逻辑关系：首先，《家庭、私有制和国家的起源》作为马克思主义的“创世记”，代表了源头、开端、起点，马克思主义的叙事框架、解释系统由此而确定。其次，按照《家庭、私有制和国家的起源》一书搭建起来的框架与系统，无产阶级政党的诞生具有划时代的意义：此前的社会都是“旧社会”，《共产党宣言》预示了一个新社会的到来，正如《共产党宣言》所指出的：“代替那存在着阶级和阶级对立的资产阶级旧社会的，将是这样一个联合体，在那里，每个人的自由发展是一切人的自由发展的条件。”这个著名的论断把人类的历史一分为二：在此之前的“旧社会”里，存在着阶级和阶级对立；在此之后的“新社会”中，

"每个人的自由发展是一切人的自由发展的条件"——不言而喻,《共产党宣言》就是培育这个新社会的思想母体,同时也是牵动人类社会走向"这样一个联合体"的思想引擎。再次,如果说《共产党宣言》是世界无产阶级政党初生之际的共同宣言,那么,它在当代中国的创造性转化形式,就是党章总纲,这就是说,党章总纲是《共产党宣言》在当代中国的延伸,是《共产党宣言》彻底中国化、时代化的产物,是历代中国共产党人将马克思主义的普遍真理与中国实践相结合的产物。最后,把党章总纲蕴含的核心思想转化成为最高的国家意志,通过全国人民共同意志的方式表现出来,通过最高国家权力机关以宪法的方式、在宪法的层面上表达成为一篇思想理论文献,就是宪法序言。由此可见,这四篇经典文献在逻辑上是一个整体,贯穿这四篇经典文献的一根线索,就是马克思主义及其中国化。

在四篇经典文献中,1884年的《家庭、私有制和国家的起源》与1848年的《共产党宣言》出自马克思主义经典作家,是19世纪中后期形成的马克思主义文献。现行的党章总纲与宪法序言则是在马克思主义中国化的过程中,在20世纪、21世纪逐渐演进、渐次生长而成的文献。换言之,这四篇经典文献的生成虽然横跨了三个世纪,却都属于一脉相承的马克思主义文献，不妨称之为马克思主义“四书”。

在中国的语境下，与马克思主义“四书”遥相呼应的是儒家的“四书”，因此，有必要回过头来再说朱子。据《晦庵先生朱文公文集》第八十二卷收录的《书临彰所刊四子后》所记，“河南程夫子之教人，必先使之用力乎《大学》《论语》《中庸》《孟子》之书，然后及乎六经。盖其难易、远近、大小之序固如此而不可乱也。故今刻四古经，而遂及乎此四书者以先后之。”由此可知，“河南程氏两夫子”已经选定了“四书”的内容。朱子依照二程之意编定的“四书”最初题名为“四子”，在《书临彰所刊四子后》中，朱子亦称之为“四古经”或“四书”。

从时间上说，朱子的“四子”首次刊行于1190年，时值南宋“绍熙改元腊月庚寅”。是年，朱子年届六旬。朱子关于《大学》《中庸》的注释称为“章句”，关于《论语》《孟子》的注释，由于较多地引用了他人的观点，因而称为“集注”。因为这个缘故，后人把《四子》称为《四书章句集注》，并简称《四书集注》。从1190年至今，已历829年。其间，中国与世界已经发生了天翻地覆的变化。谨以这部《法理四篇》阐释这个新的时代，同时也纪念朱子辞世819年，纪念朱子的《四书章句集注》问世829年。

喻中，2019年，北京

CONTENTS

目录

壹

《家庭、私有制和国家的起源》：马克思主义的“创世记”

由晚年的马克思开其端绪，并由恩格斯最终完成的《家庭、私有制和国家的起源》，是一部人类学著作，但又远远超越了专业人类学的意义。按照列宁的观点，它是社会主义的基本著作之一，其实，还应当给予它更高的评价。它作为马克思主义的“创世记”，乃是一部为社会主义奠基的著作。它的核心旨趣就在于建立一个逻辑完整的解释系统、叙事框架。马克思主义的立场、观点和方法，几乎都可以在这个解释系统、叙事框架中来理解。虽然，它在马克思、恩格斯漫长的著述过程中成书较晚，但在理论逻辑上，却应该作为马克思、恩格斯的第一篇文献来阅读。要弄通马克思主义，要弄通马克思主义中国化，应当从阅读《家庭、私有制和国家的起源》开始。

一《家庭、私有制和国家的起源》是一部什么样的著作

1919年，列宁在斯维尔德洛夫大学做了一场题为《论国家》的讲演，其中说道：“我希望你们在研究国家问题的时候看看恩格斯的著作《家庭、私有制和国家的起源》。这是现代社会主义的基本著作之一，其中每一句话都是可以相信的，每一句话都不是凭空说的，而是根据大量的史料和政治材料写成的。”列宁还说：“我所以提到这部著作，是因为它在这方面提供了正确观察问题的方法。它从叙述历史开始，讲国家是怎样产生的。”①

列宁在百年之前做出的这个判断值得进一步思考：为什么

① 《列宁全集》第三十七卷，人民出版社1986年版，第61—62页。

说恩格斯的《家庭、私有制和国家的起源》(以下简称《起源》)是现代社会主义的基本著作?这部著作提供了什么样的正确观察问题的方法?为什么讲国家问题要从历史讲起?要从国家的产生讲起?在列宁的《论国家》发表百年之际,在恩格斯的《起源》发表135年之际,我们能否重新理解列宁的论断?在此基础上,我们能否在理解《起源》这部著作的路途上再往前走一步?

先看《起源》都讲了些什么。在这部将近两百页的著作中,恩格斯分九节论述了家庭、私有制和国家的起源。其中,第一节讲“史前各文化阶段”,主要讲蒙昧时代与野蛮时代,其中的蒙昧时代又可以分为低级阶段、中级阶段和高级阶段。至于蒙昧时代的低级阶段,则可以理解为人类的开始。恩格斯就此写道:“这是人类的童年。人还住在自己最初居住的地方,即住在热带的或亚热带的森林中。他们至少是部分地住在树上。他们以果实、坚果、根作为食物;音节清晰的语言的产生是这一时期的主要成就。在有史时期所知道的一切民族中,已经没有一个是处在这种原始状态的了。虽然这一状态大概延续了好几千年之久,但我们却不能根据直接的证据去证明它;不过,我们既然承认人是起源于动物界的,那么,我们就不能不承认这种过渡状态了。”[①] 按照这样的论述，蒙昧时代的初级阶段，是人走出动物界的第一个阶段，人的世界由此开始了，这是人的起源，也是人的世界的开端。随后，《起源》的第二节讲“家庭”的产生与演变。第三节讲易洛魁人的氏族，第四节讲希腊人的氏族。接下来的第五、六、七、八节，分别叙述了雅典人、罗马人、德意志人的国家是如何产生的。

最后一节，即第九节，具有概括与总结的性质，题为“野蛮时代和文明时代”。恩格斯在此指出：“前面我们已经分别考察了国家在氏族制度的废墟上兴起的三种主要形式。雅典是最纯粹的、最典型的形式：在这里，国家是直接地和主要地从氏族社会本身内部发展起来的阶级对立中产生的。在罗马，氏族社会变成了封闭的贵族制，它的四周则是人数众多的、站在这一贵族制之外的、没有权利只有义务的平民；平民的胜利炸毁了旧的血族制度，并在它的废墟上面建立了国家，而氏族贵族和平民不久便完全溶化在国家中了。”至于德意志，则是另一种情况。恩格斯由此概括地指出：“可见，国家决不是从外部强加于社会的一种力量。国家也不像黑格尔所断言的是‘伦理观念的现实’，‘理性的形象和现实’。确切地说，国家是社

① 《马克思恩格斯文集》第四卷，人民出版社2009年版，第33页。

会在一定发展阶段上的产物；国家是承认：这个社会陷入了不可解决的自我矛盾，分裂为不可调和的对立面而又无力摆脱这些对立面。而为了使这些对立面，这些经济利益互相冲突的阶级，不致在无谓的斗争中把自己和社会消灭，就需要有一种表面上凌驾于社会之上的力量，这种力量应当缓和冲突，把冲突保持在'秩序'的范围以内；这种从社会中产生但又自居于社会之上并且日益同社会相异化的力量，就是国家。"[①] 在中文世界里，恩格斯的这几句话数十年来一直被广泛地重述、引证，是现代中国论述国家问题的经典表达。我们都知道在国家产生之前的社会是原始社会，原始社会中有氏族、部落与部落联盟，取代氏族组织与部落组织的就是国家。这种由氏族、部落到国家的自然演进规律，就是由恩格斯的《起源》揭示出来的。

恩格斯还注意到，源出于社会的国家，在历史发展过程中又呈现出几种不同的情况，其中，"古希腊罗马时代的国家首先是奴隶主用来镇压奴隶的国家，封建国家是贵族用来镇压农奴和依附农的机关，现代的代议制的国家是资本剥削雇佣劳动的工具。"[②] 恩格斯在此区分的三种类型的国家，就是现代中国

① 《马克思恩格斯文集》第四卷，人民出版社 2009 年版，第 188—189 页。
② 《马克思恩格斯文集》第四卷，人民出版社 2009 年版，第 191 页。

人习以为常的奴隶制国家、封建制国家与资本主义国家。纵观整体性的人类历史，可以发现，“国家并不是从来就有的。曾经有过不需要国家，而且根本不知国家和国家权力为何物的社会。在经济发展到一定阶段而必然使社会分裂为阶级时，国家就由于这种分裂而成为必要了。现在我们正在以迅速的步伐走向这样的生产发展阶段，在这个阶段上，这些阶级的存在不仅不再必要，而且成了生产的真正障碍。阶级不可避免地要消失，正如它们从前不可避免地产生一样。随着阶级的消失，国家也不可避免地要消失。在生产者自由平等的联合体的基础上按新方式来组织生产的社会，将把全部国家机器放到它应该去的地方，即放到古物陈列馆去，同纺车和青铜斧陈列在一起。”①

第九节所论述的野蛮时代和文明时代，再加上最早的蒙昧时代，就是摩尔根划分的人类历史段落。正如恩格斯所言：“我们可以把摩尔根的分期概括如下：蒙昧时代是以获取现成的天然产物为主的时期；人工产品主要是用做获取天然产物的辅助工具。野蛮时代是学会畜牧和农耕的时期，是学会靠人的活动来增加天然产物生产的方法的时期。文明时代是学会对天然产

① 《马克思恩格斯文集》第四卷，人民出版社 2009 年版，第 193 页。

物进一步加工的时期，是真正的工业和艺术的时期。”[①] 按照这样的概括，文明时代的主要特征是对天然产物的进一步加工。[②]

以摩尔根的分期为基础，恩格斯认为，无论是在蒙昧时代还是在野蛮时代，都属于“前国家时代”；至于国家，则是“文明时代”特有的产物。由此可以发现，恩格斯在《起源》一书中使用的“文明时代”具有特定的含义：“由于文明时代的基础是一个阶级对另一个阶级的剥削，所以它的全部发展都是在经常的矛盾中进行的。生产的每一进步，同时也就是被压迫阶级即大多数人的生活状况的一个退步。对一些人是好事，对另一些人必然是坏事，一个阶级的任何新的解放，必然是对另一个阶级的新的压迫。这一情况的最明显的例证就是机器的采用，其后果现在已是众所周知的了。如果说在野蛮人中间，像我们已经看到的那样，不大能够区别权利和义务，那么文明时

① 《马克思恩格斯文集》第四卷，人民出版社 2009 年版，第 38 页。

② 摩尔根关于“蒙昧时代”和“野蛮时代”还有更具体的划分。分而述之，低级蒙昧社会“始于人类的幼稚时期”，中级蒙昧社会“始于鱼类食物和用火知识的获得”，高级蒙昧社会“始于弓箭的发明”；低级野蛮社会“始于制陶术的发明”，在中级野蛮社会，“东半球始于动物的饲养，西半球始于灌溉法种植蜀黍等作物以及使用土坯和石头来从事建筑”，高级野蛮社会“始于冶铁术的发明和铁器的使用”。至于文明社会，则“始于标音字母的发明和文字的使用。”详见，[美]摩尔根：《古代社会》，杨东莼、马雍、马巨译，商务印书馆 2011 年版，第 12—13 页。

代却使这两者之间的区别和对立连最愚蠢的人都能看得出来，因为它几乎把一切权利赋予一个阶级，另方面却几乎把一切义务推给另一个阶级。”[①]

这就是恩格斯正在经历的“文明时代”，这样的“文明时代”伴随着国家产生以来直至恩格斯写作《起源》之际的人类历史。这样的“文明时代”，其最本质的特征是阶级压迫、阶级剥削——而且，其中的大多数人都处于被压迫、被剥削的地位。“文明时代”的国家，无论是奴隶制国家、封建制国家还是资本主义国家，都是一个阶级压迫另一个阶级的工具。这样的“文明时代”，显然只是一个伪善的时代，同时也是一个伦理亏空的时代，因而也是一个应当予以终结的时代。

按照恩格斯的逻辑，“文明时代”特有的国家因阶级的产生而产生，也将因阶级的消失而消失。国家的消失是不可避免的，但国家消失的前提条件是阶级的消失。至于阶级消失的前提条件，则是一个新的社会的来临——在这个新的社会中，生产者以自由平等的方式组建成为联合体，生产者以这样的联合体为基础，按照新的方式来组织生产。这就是未来社会的生产方式。早在一百多年以前，恩格斯就认为，人类正在“以迅速

① 《马克思恩格斯文集》第四卷，人民出版社 2009 年版，第 196—197 页。

的步伐走向这样的生产发展阶段。”需要注意的是，恩格斯在此所说的“生产者自由平等的联合体”，其实就是共产主义社会的组织形态——至少也是它的雏形。

从总体上看，恩格斯的这部著作内容极其丰富。恩格斯根据摩尔根的《古代社会》，同时根据自己对古希腊史、古罗马史、古爱尔兰史、古德意志史的研究成果——包括《马尔克》《论德意志人的古代历史》《法兰克时代》等一系列论著，对前氏族社会、氏族的产生、家庭的产生、国家的产生，进行了全面的研究，在诸多方面提供了可以进一步研究的论断。在这里，如果我们暂且超越现有学科的界限，那么，《起源》堪称“是恩格斯阐发历史唯物主义基本理论的重要著作。在这部著作中，恩格斯用唯物史观科学地阐明了人类社会早期发展阶段的历史，论述了氏族组织的结构、特点和作用以及家庭的起源和发展，揭示了原始社会制度解体和以私有制为基础的阶级社会形成过程，分析了国家从阶级对立中产生的历史条件和本质特征，指出了国家必将随着阶级的消灭和共产主义的胜利而消亡”。[①] 这样的概括，大致代表了中文世界对《起源》一书的基本看法。

① 《马克思恩格斯文集》第四卷，人民出版社 2009 年版，第 571 页。

二 《家庭、私有制和国家的起源》实现了马克思“未完成”的遗愿

为了进一步理解《起源》一书的旨趣，还需要考察恩格斯写作《起源》的过程与动因。1884年，亦即马克思辞世的次年，《起源》在苏黎世首次出版。1891年，经过恩格斯的修改与订正，《起源》又在斯图加特出了它的第四版，这也是《起源》一书现在流传的版本，同时也是中文版《起源》所依据的版本。

从形式上看，《起源》虽然由恩格斯单独署名，但是，在相当程度上，《起源》也可以视为恩格斯与马克思共同创作的作品。从写作过程来看，《起源》是恩格斯在1884年3月底至5月底之间完成的。据考证，“恩格斯在整理马克思的手稿时，发现了马克思在1880—1881年间对美国人类学家路易斯·亨·摩尔根的《古代社会》一书作所的详细摘要、批语和

补充材料（见《马克思恩格斯全集》中文第1版第45卷）。恩格斯确信摩尔根的这本书证实了马克思和他本人的历史唯物主义研究的结论。因此，他认为有必要利用这些材料，写一部专门的著作。”[①] 这就是恩格斯创作《起源》一书的机缘与动因。正如恩格斯本人在《起源》的“1884年第一版序言”中所言：“以下各章，在某种程度上是实现遗愿。不是别人，正是卡尔·马克思曾打算联系他的——在某种限度内我可以说是我们两人的——唯物主义的历史研究所得出的结论来阐述摩尔根的研究成果，并且只是这样来阐明这些成果的全部意义。”因此，“我这本书，只能稍稍补偿我的亡友未能完成的工作。不过，我手中有他写在摩尔根一书的详细摘要中的批语，这些批语我在本书中有关的地方就加以引用。”[②] 恩格斯的这几句话，至少可以说明以下两个方面的问题。

一方面，《起源》的写作是在补偿马克思“未完成的工作”。这就是说，体现在《起源》一书中的理论与方法，由马克思开其端绪，由恩格斯最后完成。可以说，马克思的前期研究及其完成的《路易斯·亨·摩尔根〈古代社会〉一书摘要》（以下

① 《马克思恩格斯文集》第四卷，人民出版社2009年版，第572—573页。
② 《马克思恩格斯文集》第四卷，人民出版社2009年版，第15页。

简称《摘要》)，构成了恩格斯写作《起源》的基础，可以看作是《起源》的前期成果。研究者还发现，马克思“是从马·柯瓦列夫斯基那里得到摩尔根的著作的。这一著作当时在欧洲很少为人所知，而坚持所谓家长制理论的资产阶级学者对摩尔根的发现又故意不提。马克思从1880年底到1881年初把摩尔根的著作作了摘要。摩尔根著作的内容在摘要中摘得十分详细。但马克思在摘要中对原书的结构作了一些改变。原书论述家庭的发展和财产的发展的第三编和第四编，在摘要中被放在第二编即摩尔根标题为《政治观念的发展》的那一编之前。此外，摘要完全略去了原书的第一编第三章（《人类发展进度的比例》)。马克思在作摘要的时候，还使用了其他一些作者的著作，把这些著作中的材料引用在摘要中。在摘要的最后一部分即论述希腊罗马史的那一部分中，马克思常常直接使用古代作家的著作，大段摘录，而且总是用原文”。[1] 这些信息说明，马克思确有研究人类早期历史的准备与努力，而且，马克思的研究已经展开，且持续了数年之久，只是没有最终完成而已；马克思是在研究人类早期历史的过程中辞世的。因此，如果我们专门研究马克思晚年的思想，那么“人类早期历史”应当是

① 《马克思恩格斯全集》第四十五卷，人民出版社1985年版，第772页。

其中的关键词或主题词。

另一方面，恩格斯较多地引用了马克思的批语，通过这样的方式，马克思生前的研究与思考已经汇入恩格斯的《起源》一书中。查阅中文版的《摘要》与《起源》，可以找到恩格斯引用马克思的《摘要》的诸多实例，这里试略举数端。

马克思在讲到土兰尼亚式或加诺万尼亚式亲属制度时，根据摩尔根的论述，辨析了家庭与亲属制度之间的差异，其中，家庭是能动的，“亲属制度却是被动的；它把家庭经过一个长久时期所发生的进步记录下来，并且只有当家庭已经根本变化了的时候，它才发生根本的变化。同样，政治的，宗教的，法律的以至一般哲学的体系，都是如此。”[①] 马克思在此论述了家庭的变化所产生的基础性作用与决定性影响。家庭的变化是起点，家庭的变化是亲属制度变化的条件与动因。家庭与亲属制度的变化还将导致政治的变化、宗教的变化、法律的变化，甚至还会导致哲学体系的变化。讲国家的起源为什么要从家庭说起，原因就在这里。马克思的这个思想得到了恩格斯的高度认同，《起源》引用了马克思的这个说法，称：“‘同样’，马克思补充说，‘政治的、法律的、宗教的、哲学的体系，一般都

---

① 《马克思恩格斯全集》第四十五卷，人民出版社 1985 年版，第 353—354 页。

是如此。’”[①] 不仅如此，《起源》的书名列出的第一个词语就是“家庭”。

关于家庭，马克思还说：“现代家庭在萌芽时，不仅包含着 servitus（奴隶制），而且也包含着农奴制，因为它从一开始就是同田野耕作的劳役有关的。它以缩影的形式包含了一切后来在社会及其国家中广泛发展起来的对抗。”[②] 马克思的这个论断，在“家庭”与“对抗”之间建立了内在的联系，按照这个论断，早在萌芽时期的家庭中，就已经隐含了“对抗”的因素，甚至已经隐含了阶级对抗的种子，原因在于，家庭跟劳役有关，跟奴隶制与农奴制有关，跟阶级的产生、阶级对立的形成有关，由此，家庭可以说是国家产生的一个根源。对于这样一个极具创造性的理论观点，恩格斯同样是高度认同的，他在《起源》中写道：“对于这一点，马克思补充说：‘现代家庭在萌芽时，不仅包含着奴隶制（servitus），而且也包含着农奴制，因为它从一开始就是同田野耕作的劳役有关的。它以缩影的形式包含了一切后来在社会及其国家中广泛发展起来的对立。’”[③]

① 《马克思恩格斯文集》第四卷，人民出版社 2009 年版，第 41 页。

② 《马克思恩格斯全集》第四十五卷，人民出版社 1985 年版，第 366 页。

③ 《马克思恩格斯文集》第四卷，人民出版社 2009 年版，第 70 页。

马克思在《摘要》中提到了希腊神话，他写道："对奥林帕斯山的女神们的态度，则反映了对妇女以前更自由和更有势力的地位的回忆。朱诺有权力欲，智慧女神是从宙斯脑袋里跳出来的，等等。"[①]与之相应，恩格斯在自己的著作中写道："这种新的家庭形式的全部严酷性，我们在希腊人那里可以看到。正如马克思所指出的，神话中的女神的地位给我们展示了一个更早的时期，那时妇女还享有比较自由和比较受尊敬的地位"。[②]

在论述肖尼人的取名习惯时，马克思进行了创造性的发挥，他说："借更改名称以改变事物，乃是人类天赋的诡辩法，当实际的利益十分冲动时，就寻找一个缝隙以便在传统的范围内打破传统！"[③]马克思的这句话，表达了一个具有普遍性的规律。对此，恩格斯在自己的著作中进行了引用："'借更改名称以改变事物，乃是人类天赋的决疑法！于是就寻找一个缝隙，当实际利益提供足够的推动力时在传统的范围以内打破传统！'（马克思语）因此，就发生了一个不可救药的混乱，这种混乱只有通过向父权制的过渡才能消除，而且确实部分地被

① 《马克思恩格斯全集》第四十五卷，人民出版社 1985 年版，第 368 页。
② 《马克思恩格斯文集》第四卷，人民出版社 2009 年版，第 74 页。
③ 《马克思恩格斯全集》第四十五卷，人民出版社 1985 年版，第 467 页，

这样消除了。”[①]

关于希腊人的氏族，马克思写道：“格罗特先生应当进一步注意到，虽然希腊人是从神话中引伸出他们的氏族的，但是这些氏族比他们自己所创造的神话及其诸神和半神要古老些。”[②] 恩格斯的《起源》在同一个主题之下，以“马克思补充说”的方式，原文引用了马克思的这句话。与此同时，马克思把格罗特称为“庸人学者”，也为恩格斯所引用，他说：“氏族起源于共同祖先，成了‘庸人学者’（马克思语）绞尽脑汁而不能解决的难题。”[③]

瑞士法学家巴霍芬是母权研究的先行者。正如他自己所言，在他的时代，他的《母权论》一书所“探讨的母权（mother right）这一历史现象，涉足的人寥寥无几，做过全面研究的，则尚无一人。时至今日，考古学家们在母权问题上也一直默默无声。母权是个全新的概念，其所代表的家庭形态对世人来说也全然陌生”。[④] 在这样的背景下，巴霍芬在母权研究中做出

① 《马克思恩格斯文集》第四卷，人民出版社 2009 年版，第 68 页。

② 《马克思恩格斯全集》第四十五卷，人民出版社 1985 年版，第 500 页。

③ 《马克思恩格斯文集》第四卷，人民出版社 2009 年版，第 116—117 页。在中文版中，马克思笔下的“引伸”，变成了恩格斯笔下的“引申”。

④ ［瑞士］巴霍芬：《母权论：对古代世界母权制宗教性和法权性的探究》，孜子译，生活 · 读书 · 新知三联书店 2018 年版，第 1 页。

了开创性的贡献，其学术观点受到了马克思的高度关注。马克思说：“如果巴霍芬认为这种普那路亚婚姻是‘非法的’，那么，那一时代的人也许要认为今日从兄弟姊妹或表兄弟姊妹之间结婚，近的和远的，大多数都是血亲婚配，正如亲兄弟和亲姊妹之间结婚一样。”① 对此，恩格斯在自己的著作中，以脚注的方式进行了引用：“‘如果巴霍芬认为这种普那路亚婚姻是［非法的］，那么，那一时代的人也许要认为大多数今日血统近的和远的从兄弟姊妹或表兄弟姊妹之间结婚，都是血亲婚配，正如亲兄弟和亲姊妹之间结婚一样。’（马克思语）”②

恩格斯对马克思的《摘要》一书的引证，远远不止以上诸端。这些引证表明，恩格斯的《起源》与马克思的《摘要》具有精神上的血肉联系。在一定程度上，《起源》甚至可以理解为《摘要》的延伸，在《摘要》与《起源》之间，在思想上具有明显的源流关系。

---

① 《马克思恩格斯全集》第四十五卷，人民出版社 1985 年版，第 565 页。

② 《马克思恩格斯文集》第四卷，人民出版社 2009 年版，第 51 页。在此值得注意的是，恩格斯不仅仅是在引证马克思的论述，他自己对巴霍芬也有很高的评价，他说：“家庭史的研究是从 1861 年，即从巴霍芬的《母权论》的出版开始的。作者在这本书中提出了以下的论点：……巴霍芬从他极其勤奋地搜集来的无数段古代经典著作中，为这些论点找出了证据。……这在 1861 年是一个完全的革命。”详见，《马克思恩格斯文集》第四卷，人民出版社 2009 年版，第 19—22 页。

综合分析上面述及的两个方面，可以发现，马克思在《摘要》一书中表达的观点、提出的论证以及取得的研究成果，已经广泛地灌注到《起源》一书中，成为《起源》一书的思想元素或理论要素，为《起源》提供了重要的精神滋养。如果严格按照今天的技术性的著作权法的规定，恩格斯是《起源》一书的唯一作者。但是，不论是在精神层面上还是在实质意义上，《起源》都可以看作是恩格斯与马克思共同完成的作品，是他们两人以思想接力的方式共同完成的作品，是恩格斯完成马克思遗愿的学术思想结晶。按照恩格斯自己的说法，是他完成了马克思“未完成的工作”——所谓“未完成”，其实还有一个含义，那就是已经展开。从这个角度来看，《起源》是马克思、恩格斯共同完成的作品，反映了马克思、恩格斯共同的思想与方法——历史唯物主义。

三 《家庭、私有制和国家的起源》反映了晚年马克思“对起源的爱好”

以上分析表明，恩格斯的《起源》与马克思的《摘要》一脉相承，仿佛同一条河流的上游与下游。既然像是同一条河流，其水质当然具有共同的特性——那就是“对起源的爱好”。然而，这个爱好是晚年的马克思和恩格斯（特别是晚年的马克思）才有的爱好。青年时代的马克思尚未养成对起源的爱好。

让我们稍作回顾。早在 1842 年，24 岁的马克思在《法的历史学派的哲学宣言》一文中写道：“庸俗的观点认为历史学派是对 18 世纪的轻佻精神的一种反动。这种看法的普遍性和看法的真实性恰好成反比。18 世纪仅仅产生了一种东西，它的主要特征是轻佻，而这种唯一的轻佻的东西就是历史学派。

历史学派已把研究起源变成了自己的口号，它使自己对起源的爱好达到了极点，——它要求船夫不沿着河航行，而沿着河的起源航行。因此，要是我们回到历史学派的起源去，回到胡果的自然法去，这个学派必然会认为是正确的。历史学派的哲学走在历史学派的发展前面，所以，我们要在该学派的发展本身中去寻找哲学是徒劳无益的。”[①] 马克思的这段话，旨在批判德国当时的历史法学派，特别是历史法学派的鼻祖和创始人胡果，以及历史法学派的主要代表萨维尼——正是后者在 1838 年写了一篇文章，用以纪念胡果获得法学博士学位 50 周年。马克思注意到了萨维尼的这篇纪念文章，进而指出：“正如历史学派的著名法律家所写的那篇纪念胡果的文章所指出的那样。当我们承认胡果先生是 18 世纪的产儿的时候，我们甚至是按照胡果先生本人的精神行事的，这位先生自称为康德的学生，并把自己的自然法称做康德哲学的爱子”，“然而，胡果曲解自己的先生康德。”[②] 这就是说，胡果并未遵循康德哲学指示的方向。

更为严重的是，“胡果亵渎对正义的、道德的和政治的人

---

① 《马克思恩格斯全集》第一卷，人民出版社 1956 年版，第 97 页。

② 《马克思恩格斯全集》第一卷，人民出版社 1956 年版，第 98 页。

来说是神圣的一切，可是，他破坏这些神圣的事物，只是为了用历史的圣徒遗物应得的荣誉去报答它们，他从理性的观点指摘它们，以便后来可以从历史的观点去颂扬它们，同时借此去颂扬历史学派的观点。”[①] 这就是说，历史的观点背离了理性的观点，历史的观点站在理性的观点的对立面。由此可以表明，此时的马克思反对“历史的观点”，认同“理性的观点”，此时的马克思实为理性主义的马克思。

在这篇文章的最后，马克思写道：“我们认为从历史学派的哲学宣言中引来的这几段摘要，足以给这一学派做出这样的历史评价：反历史的幻觉、模糊的空想和故意的虚构。这几段摘要足以用来决定胡果的继承者是否有能力成为当代的立法者。”[②] 这里的“继承者”，同样是指萨维尼，因为早在 1814 年，萨维尼就在海德堡出版了一部颇为有名的著作——《论立法与法学的当代使命》。此书宣称：“在人类信史展开的最为远古的时代，可以看出，法律已然秉有自身确定的特性，其为一定民族所特有，如同其语言、行为方式和基本的社会组织体制。”[③]

① 《马克思恩格斯全集》第一卷，人民出版社 1956 年版，第 99 页。
② 《马克思恩格斯全集》第一卷，人民出版社 1956 年版，第 105 页。
③ ［德］萨维尼：《论立法与法学的当代使命》，许章润译，中国法制出版社 2001 年版，第 7 页。

这样的观点代表了历史法学派的基本主张。此外，就在马克思写作《法的历史学派的哲学宣言》的同一年，亦即 1842 年，萨维尼还被任命为普鲁士政府的修订法律大臣——这样一个客观的事实，也可以作为理解马克思批判历史法学派的一个现实背景。

时隔不久，从 1843 年末至 1844 年初，25 至 26 岁的马克思又借《黑格尔法哲学批判导言》一文，再次批判历史法学派。马克思说：“有个学派以昨天的卑鄙行为来为今天的卑鄙行为进行辩护，把农奴反抗鞭子——只要它是陈旧的、祖传的、历史性的鞭子——的每个呼声宣布为叛乱；历史对这一学派，正像以色列上帝对他的奴仆摩西一样，只是表明了自己的 a posteriori［过去］，因此，这个法的历史学派本身如果不是德国历史的产物，那它就是杜撰了德国的历史。”[①]

从 1842 年至 1844 年，马克思以雄辩的语言，反复批判历史法学派——特别是这个学派的创立者胡果。在那个时期的马克思看来，历史法学派存在的主要问题，是“对起源的爱好达到了极点”。由此可见，青年时代的马克思，特别是 1848 年《共产党宣言》发表之前的马克思——通常归属于马克思主义正式

① 《马克思恩格斯全集》第一卷，人民出版社 1956 年版，第 454 页。

诞生之前的马克思，并不爱好研究人类的起源，甚至不赞同研究人类的起源，那个时期的马克思把研究人类的起源看作是一个错误的方向。

但是，晚年的马克思养成了"对起源的爱好"。在这里，让我们考察几个重要的时间节点。马克思是在1883年辞世的，在此之前的数年时间里，马克思一直都在研究人类起源的问题。有资料表明，在1880年底至1881年3月之间，62至63岁的马克思对美国人类学家摩尔根的《古代社会》一书进行了全面的研究，写成了《路易斯·亨·摩尔根〈古代社会〉一书摘要》。1881年4月至6月，马克思又写成了《亨利·萨姆纳·梅恩〈古代法制史讲演录〉（1875年伦敦版）一书摘要》，这篇摘要全面而系统地研究了英国法律史家梅恩（1822—1888，现在通译为梅因）的这部古代史著作。据考证，关于梅恩著作的这篇摘要，"马克思作于1881年，写于与马克思稍前所作摩尔根《古代社会》一书摘要的同一个笔记本的第159—196页上。梅恩这部著作的摘要由国际社会史研究所（阿姆斯特丹）在1972年用原文第一次发表在《卡尔·马克思的民族学笔记》1972年阿森版。"[①] 在这篇《摘要》的开端，马克思写

① 《马克思恩格斯全集》第四十五卷，人民出版社1985年版，第778页。

道：“在翻译的布雷亨法规（法律汇编）中最重要者是：《古制全书》（古代法的伟大著作）和《艾锡尔书》。惠特利·斯托克斯先生认为前一著作编纂于十一世纪或稍前一个时候；《艾锡尔书》还早一世纪（第12页）。”[①] 就内容与主题来看，无论是摩尔根的著作还是梅恩的著作，都是在研究人类的起源，都是那个时代研究人类起源的代表性著作。

稍后，马克思还完成了一部《约·拉伯克〈文明的起源和人的原始状态〉（1870年伦敦版）一书摘要》，这部摘要“是马克思在1882年做的。马克思在这份摘要中所做的批注，主要是有关原始社会的婚姻、家庭以及宗教等方面的问题。拉伯克是民族学进化论学派的重要代表人物之一。马克思对拉伯克观点的批判，反映着马克思在研究了摩尔根《古代社会》一书之后所得出的结论。拉伯克书的摘要在大开本的笔记本里占八页。这份摘要由国际社会史研究所（阿姆斯特丹）第一次用原文发表于《卡尔·马克思的民族学笔记》1972年阿森版”。[②] 除此之外，针对约·菲尔的《印度和锡兰的雅利安人村社》（1880年伦敦版），马克思还在1881年做了一份摘要，这份摘

① 《马克思恩格斯全集》第四十五卷，人民出版社1985年版，第572页。
② 《马克思恩格斯全集》第四十五卷，人民出版社1985年版，第781页。

要“与摩尔根和梅恩两书的摘要用的是同一个笔记本，写在第128—154页上。马克思对菲尔这本书的摘要第一次用俄文发表于《亚非人民》1964年第1期、1965年第1期、1966年第5期，后来用原文发表于《卡尔·马克思的民族学笔记》1972年阿森版”。①

如果进一步往前回溯，还可以发现，马克思在1879年10月至1880年10月之间，还做了一部《马柯瓦列夫斯基〈公社土地占有制，其解体的原因、进程和结果〉（第一册，1879年莫斯科版）一书摘要》，这篇摘要开篇就说：“人类社会的原始群状态，没有婚姻和家庭；他们之间的关系是：共同生活和相同的营生（如战争、狩猎、捕鱼）；另一方面，则是母亲及其亲生子女之间的骨肉关系。”②可见，这篇摘要同样是原始社会史方面的著作。查阅这篇摘要的全文，可以看到，马克思大量提及原始社会方面的论著，譬如，班克罗夫特的《北美太平洋沿岸各州的土著民族》、林克的《爱斯基摩人的故事与传说》，等等。据考证，从十九世纪“七十年代中期起，马克思特别加紧研究资本主义以前的各社会形态，并十分注意研究各不同

① 《马克思恩格斯全集》第四十五卷，人民出版社1985年版，第781页。
② 《马克思恩格斯全集》第四十五卷，人民出版社1985年版，第207页。

社会中的公社形式。1876 年 5—6 月，他把格·路·毛勒的关于日耳曼公社史的著作作了详细的摘要。同年 12 月，马克思阅读了格·汉森、弗·德默里奇、奥·乌提舍诺维奇、弗·卡尔德纳斯关于公社制度在塞尔维亚、西班牙和其他国家的演变情况的著作”。至于“柯瓦列夫斯基的著作受到马克思的注意，是由于它取材广泛，对公社在不同国家中的历史命运作了比较研究，用新的事实证实了马克思关于人类社会发展的最初阶段即原始公社的实质的结论”。①

以上关于“马克思晚年著述史”的简要回顾表明，在马克思生命的最后几年里，对人类起源的研究成为他的工作重心。由此可以看到，相对于青年马克思，晚年马克思对“起源”的看法发生了一个明显的变化：青年马克思严厉地批判历史法学派“对起源的爱好”，但是，晚年马克思自己却养成了“对起源的爱好”；晚年马克思花费巨大心力，对众多关于“人类起源”方面的论著进行再研究，就是他爱好“起源”的直接证据。因此，我们可以说，研究人类的起源是晚年马克思从事学术研究与思想探索的一个重心，也是晚年马克思的一个宿愿。由于马克思在 1883 年的辞世，这个宿愿变成了没有最后完成的遗

① 《马克思恩格斯全集》第四十五卷，人民出版社 1985 年版，第 766 页。

愿。但是，马克思的宿愿或遗愿并没有落空，马克思的宿愿、遗愿经过恩格斯的努力，得到了最终的实现，这就是《起源》一书的诞生。可以说，是马克思与恩格斯以思想接力的方式，共同完成了对“人类起源”的研究。

四 《家庭、私有制和国家的起源》在马克思主义理论体系中的地位

为什么在马克思、恩格斯的晚年，会养成“对起源的爱好”？在 19 世纪 70 年代末、80 年代初，国际共运风起云涌，世界无产阶级争取解放的斗争方兴未艾，那么多紧迫的现实政治问题都摆在马克思、恩格斯的面前。譬如，“1879—1880 年间，除了德国工人运动以外，法国工人运动特别需要马克思和恩格斯的支援。有阶级觉悟的法国工人于 1879 年 10 月，在马赛召开了社会主义者代表大会，会上决定创建法国工人党。不久，这个党的领袖茹尔·盖得，请求马克思、恩格斯帮助这个年轻的党制订一个党纲。他们两人答应了这个要求。1880 年 5 月初，盖得来到伦敦，在恩格斯家里，和马克思以及保尔·拉法格一起，草拟了党纲。马克思写了理论部分，又和恩格斯两

人合写了第二部分，即包含直接的政治和社会要求的部分。”[①]紧接着，德国社会民主党于1880年8月又在瑞士召开了第一次秘密的党代表大会，参会的56个代表作出决定，要反对德国的非常法，而且要马上采取一切手段，而不仅仅是采取迄至那时为止党纲中所称的“合法手段”来进行斗争。“恩格斯拥护这个决定。代表们激烈地批评了右倾机会主义者。同时他们还发出了呼吁，要利用‘最广泛的最猛烈的活动’，以‘任何适当的方式’牢固地组织起来，以加强党的力量。这些都符合恩格斯的心愿。把无政府主义代表开除出党，也是恩格斯所赞同的。”[②]这样一些片断与细节，大致可以折射出1880年前后的马克思、恩格斯需要面对的现实问题。

在这样的政治背景下，马克思、恩格斯为什么还要投入大量的时间与精力，去研究看似远离现实的原始社会问题、人类起源问题？马克思、恩格斯为什么要做出这样的选择？必须看到，对一个卓越的思想家来说，研究方向、研究重心的选择，他们关注什么，他们忽略什么，其实才是关键性的价值选择、

① ［德］格姆科夫等:《恩格斯传》，易廷镇、侯焕良译，人民出版社2000年版，第400页。

② ［德］格姆科夫等:《恩格斯传》，易廷镇、侯焕良译，人民出版社2000年版，第401页。

价值判断。

在这里，让我们重新回到列宁对《起源》一书的评价。如前所述，列宁以“现代社会主义的基本著作之一”定位《起源》，要求人们在研究国家问题的时候要看看此书，因为《起源》提供了“正确观察问题的方法”。如何理解列宁的这个判断？为什么叙述人类早期历史、讲国家的产生，是“正确观察问题的方法”？是不是说，要正确处理 1919 年的俄国现实问题，需要从蒙昧时代、氏族社会说起？或者说，在人类最早的家庭中，蕴含着解决 1919 年俄国现实问题的答案？显然不是。对一个具体处理实际事务的政府公职人员来说，也许还真不需要研究摩尔根的《古代社会》，也不太需要研究马克思关于此书的《摘要》，甚至不太需要研究恩格斯根据《古代社会》以及马克思的《摘要》写成的《起源》。那么，《起源》的意义到底在哪里？如何理解《起源》在马克思主义理论体系中的地位？

实际上，在马克思关于摩尔根《古代社会》一书的《摘要》中，已经隐含着一根理解《摘要》与《起源》的重要线索。在《摘要》中，马克思写道：“这些部落转而依据血统关系上的明白的事实，用基本称谓的结合语，来说明每个人对己身的亲属关系；他们这样说：兄弟的儿子，兄弟的孙子；父亲的兄弟，父亲的兄弟的儿子；每一个词组描述一个人，从而使亲属关系包含在里面；雅利安各民族的亲属制度的最古的形式，即存在于希腊语系、拉丁语系、梵语系、克尔特语系、闪米特语系诸部落中最古的亲属制度，就是这样（《旧约全书》，系谱）。"[①]

马克思在此提到的《旧约全书》之系谱，首见于《创世记》第5章："亚当的后代记在下面"（5：1），随后，就是从亚当开始，直至挪亚的系谱；次见于《创世记》第10章："挪亚的儿子闪，含，雅弗的后代，记在下面"（10：1），下面就是挪亚之后的系谱。根据马克思提示的这根线索，我们可以发现，《起源》在马克思主义的思想体系、理论体系、文献体系中的地位，就相当于圣经中的《创世记》。

《创世记》作为"摩西五经"的第一篇，同时也是《旧约全书》的第一篇文献。翻开《旧约全书》，首先看到的就是《创世记》。但是，在任何版本的《马克思恩格斯全集》《马克思恩格斯文集》或《马克思恩格斯选集》中，《起源》都不是首先呈现给读者的第一篇文献。就创作时间的先后来看，《起源》当然也不是马克思、恩格斯创作的第一篇文献。事实上，《起源》甚至是马克思辞世之后才正式诞生的文献。在这样的事实

① 《马克思恩格斯全集》第四十五卷，人民出版社1985年版，第340—341页。

面前，我们反而要说，在马克思主义的文献体系、理论体系中，《起源》的思想地位、理论意义就相当于圣经中的《创世记》。这是一个由什么样的理论逻辑支撑起来的结论呢？

在《旧约全书》建构起来的世界中，《创世记》记载了万事万物的开端。在《创世记》所记载的事实发生之前，神是存在的，但人和人的世界是不存在的。所谓“创世记”，就是神创造人的世界的记录。正是在神“创世”之后，人的世界才得以展开，人世的善与恶、拯救与沉沦才出现了无休无止的纠缠。因此，《创世记》构成了《旧约全书》的起点。根据同样的逻辑，我们可以理解《起源》的意义。因为，在马克思主义的世界中，《起源》同样意味着“开端”。只是，《起源》描述的“开端”不是神创造的人的世界的开端，《起源》旨在解释的“开端”是：人的世界是如何开始的？人是如何创造了人的世界的？人是如何从蒙昧状态走向野蛮状态进而走向文明状态的？《旧约全书》是宗教，马克思主义是科学，这是它们的本质区别。但是，无论是《旧约全书》解释的世界，还是马克思主义解释的世界，都离不开对“开端”“起点”的描述，否则，就无法令人信服地解释世界的来龙去脉。从这个角度来看，《起源》堪称马克思主义的“创世记”。

我们可以假设——请注意，这只是一个假设，如果没有马克思、恩格斯对“起源”“源头”“开端”的论述，马克思主义的整体框架将会怎样？稍微偏激一点说，那它就真成了无源之水、无本之木。这就是说，《起源》实为马克思主义思想体系、理论体系、文献体系的源头和起点。《创世记》作为《旧约全书》的源头和起点，主要是时间意义上的，神创造了天地与人的世界，时间就开始了，一切都开始了。《起源》同样是马克思主义的源头和起点，它与时间有关，但主要是逻辑意义上的。马克思、恩格斯论述资本主义社会必然灭亡、共产主义社会必然胜利，共产主义必然取代资本主义。然而，这个理论要说服人，它就必须彻底；这个理论如果要彻底，就不能仅仅局限于资本主义社会与共产主义社会；这个理论就必须进一步阐明：资本主义社会从何而来？

如果说资本主义社会是由封建社会蜕变而来的，那么封建社会从何而来？如果说封建社会是由奴隶社会蜕变而来的，那么奴隶社会又从何而来？这就必须追溯到原始社会中的氏族与部落，必须追溯到人类的野蛮时代，直至追溯到人类还处于“一无所知”状态或“所知甚少”状态的蒙昧时代。蒙昧时代就是人类文明的初始时代，就是社会进化与政治演进的起点。从这个角度来看，马克思主义如果要成为一个逻辑完整的思想体系、理论体系，那么，关于资本主义社会之前各个环节的说明，关于遥远的蒙昧时代、野蛮时代的说明，关于最古老的家庭与氏族的说明，可以提供最具基础性的支撑。这样的说明，这样的支撑，就是由《起源》来承担的。可见，《起源》作为唯物史观的核心文献，堪称马克思主义的逻辑起点与第一推动力，堪称马克思主义理论大厦的基石与第一块砖。

为了更好地理解《起源》在马克思主义思想体系、理论体系、文献体系中的地位，我们还可以参看传统儒家的思想体系、理论体系与文献体系。譬如《尚书》，它从帝尧、帝舜开始，一直讲到夏、商、周。在《尚书》各篇中，《尧典》的地位就相当于圣经中的《创世记》。《尧典》记载的帝尧，是《尚书》编织的政治系谱、文明谱系中的第一个圣王。在《尚书》建构的世界中，帝尧是圣王的起点，也是文明的起点。中国固有的内圣外王之道，作为一种文明传统，就是由帝尧开辟的，正如《尧典》开篇所记：“曰若稽古帝尧，曰放勋，钦明文思安安，允恭克让，光被四表，格于上下。克明俊德，以亲九族。九族既睦，平章百姓。百姓昭明，协和万邦。黎民于变时雍。”按照这样的叙事框架，华夏文明秩序就是由此而开启的。

已经有学者注意到，“涉及政论的古代文本，《尧典》是中华现存全部文献的第一篇”，“《尧典》讲述的是儒家承认的第一位、第二位圣人，即尧和舜。所以我们可以称《尧典》为中华文明第一典，其中阐发的是这个文明在很多意义上的源头，既是思想哲理的源头，也是精神信仰的源头，又是生存结构的源头和政统的源头。”① 沿着这样的理路，还可以补充一句，《尧典》在《尚书》中的地位，甚至在儒家学说体系中的地位，就相当于《创世记》在《旧约全书》中的地位，也相当于《起源》在马克思主义理论体系中的地位。由此，我们可以看到，就文献、文本来说，《创世记》是基督教教义的逻辑起点，《尧典》是儒家教义的逻辑起点，至于《起源》，则是马克思主义这个科学的思想体系、理论体系的逻辑起点。为什么要说《起源》是马克思主义的“创世记”，原因就在这里。为什么晚年的马克思与恩格斯在人类起源的问题上投入了如此巨大的热情，原因也在这里。

在此有必要补充说明的是，我们把《起源》当作马克思主义理论体系的“创世记”，把马克思主义文献或科学社会主义文献与基督教文献相提并论，还可以在恩格斯的晚期著述中找到直接的依据。1894 年，亦即在恩格斯辞世的前一年，他写成了《论原始基督教的历史》一文，这是一篇值得注意的文献，

① 张祥龙：《〈尚书·尧典〉解说：以时、孝为源的正治》，生活·读书·新知三联书店 2015 年版，第 3 页。

鉴于它的写作时间，它提出的观点几乎可以看作是恩格斯的“晚年定论”之一。在这篇文献的开头，恩格斯就指出：“原始基督教的历史与现代工人运动有些值得注意的共同点。基督教和后者一样，在产生时也是被压迫者的运动：它最初是奴隶和被释奴隶、穷人和无权者、被罗马征服或驱散的人们的宗教。基督教和工人的社会主义都宣传将来会从奴役和贫困中得救；基督教是在死后的彼岸生活中，在天国里寻求这种得救，而社会主义则是在现世里，在社会改造中寻求。两者都遭受过迫害和排挤，信从者遭到放逐，被待之以非常法：一种人被当做人类的敌人，另一种人被当做国家、宗教、家庭、社会秩序的敌人。虽然有这一切迫害，甚至还直接由于这些迫害，基督教和社会主义都胜利地、势不可挡地为自己开辟前进的道路。基督教在产生300年以后成了罗马世界帝国的公认的国教，而社会主义则在60来年中争得了一个可以绝对保证它取得胜利的地位。”[①] 社会主义与基督教当然有本质的区别，但是，在晚年的恩格斯看来，两者之间存在着相当大的共同点，也有相当大的可比性。正是这种共同点与可比性，启示我们进一步思考：基督教文献的起点与马克思主义文献或科学社会主义文献的起

① 《马克思恩格斯选集》第四卷，人民出版社2012年版，第327页。

点分别是什么？如果说，《创世记》是基督教文献——《旧约全书》的起点，那么，马克思主义文献或科学社会主义文献的起点，就是马克思、恩格斯共同创作的《起源》。

五 如何看待《家庭、私有制和国家的起源》引起的百年争论

自从《起源》1884年首次问世以来，由于它实际享有的作为马克思主义的“创世记”的思想地位、理论地位，由于它确立的叙事框架对社会主义国家的思想、理论与实践所发挥的支配性作用，在一百多年以来的学术演进历程中，已经引起了广泛的争论。

譬如，在关于荷马时代有无国家的问题上，恩格斯在《起源》中写道：“野蛮时代高级阶段的全盛时期，我们在荷马的诗中，特别是在《伊利亚特》中可以看到。发达的铁制工具、风箱、手磨、陶工的辘轳、榨油和酿酒、成为手工艺的发达的金属加工、货车和战车、用方木和木板造船、作为艺术的建筑术的萌芽、由设塔楼和雉堞的城墙围绕起来的城

市、荷马的史诗以及全部神话——这就是希腊人由野蛮时代带入文明时代的主要遗产。”[①] 在恩格斯看来，“国家是文明社会的概括”，[②] 即使是“野蛮时代”之“高级阶级”，依然是一个典型的氏族时代，依然是一个“前国家时代”。在《起源》一书的第四节，亦即在关于“希腊人的氏族”的专论中，恩格斯再次论及“荷马史诗”。他说：“在荷马的诗中，我们可以看到希腊的各部落大多数已联合成为一些小民族［kleine Völkerschaften］；在这种小民族内部，氏族、胞族和部落仍然完全保持着它们的独立性。”[③] 在这里，恩格斯还以较长的篇幅引证了马克思的一段《摘要》，其中的最后一句是：“希腊著作家用来表示荷马所说的王权的巴赛勒亚［basileia］一词（因为这一权力的主要特征是军事的统率），在同时存在议事会和人民大会的情况下，其意不过是军事民主制而已。（马克思语）”[④] 概而言之，在恩格斯看来，荷马时代的希腊社会，国家尚未产生，还属于典型的氏族社会。

但是，20 世纪中期以来，米罗那斯（Mylonas）、芬尼

① 《马克思恩格斯文集》第四卷，人民出版社 2009 年版，第 37—38 页。
② 《马克思恩格斯文集》第四卷，人民出版社 2009 年版，第 195 页。
③ 《马克思恩格斯文集》第四卷，人民出版社 2009 年版，第 120 页。
④ 《马克思恩格斯文集》第四卷，人民出版社 2009 年版，第 123—124 页。

（Finley）等人的研究表明，“迈锡尼时代的王国是一个中央集权式的国家。国王不仅掌握了全部的政治权力，有的学者甚至认为，他也拥有王国的神权。与这种集权式的政治结构相适应，迈锡尼时代的经济结构也是一个以王宫为中心的模式。”这就是说，在更加古老的迈锡尼时代，国家就已经出现在希腊。“从迈锡尼社会到荷马社会，在社会形态上存在着某种形式的延续性。虽然到荷马社会，王权已不像迈锡尼时代那样牢固，以至于表示王权的词汇的意思趋向于模糊，但它的存在却是不容置疑的。然而，这种延续性并不仅仅局限在社会形态上。即使在芬尼所说的非延续性表现得非常明显的土地所有制方面，也有着一定的延续性。虽然在荷马社会，对土地的占有经常表现为个人的自由占有，但也存在着芬尼所说的迈锡尼式的‘有条件占有’。”此外，“从荷马社会的内部结构来看，似乎也没有理由认为它是原始氏族社会的一种形态。”因为，“荷马社会继承了迈锡尼时代的王权及其观念。这也就是说，它承袭了迈锡尼时代所形成的国家形态。固然，由于迈锡尼文明的衰落，造成了中央集权的衰微，进入荷马社会，王权已经变得模糊起来。但这是完全不同的另外一个问题，并不能说明荷马社会倒退到了原始社会的状态，它所反映的仅仅是王权的削弱。”[1] 王权与中央集权的存在，就是国家存在的证明。按照这样一些论述，早在荷马时代甚至更早的迈锡尼时代，希腊就已经出现了国家。这样的观点与论证，都可以看作是对《起源》的质疑。

再譬如，俄国学者哈赞诺夫（Khazanov）注意到：“卡尔奈罗（1970）正确地批判了国家起源的‘自动理论’，这种理论认为，农业的发展自动地带来粮食剩余，经过一些中间阶段，随之而来的就是国家的诞生。他强调，事实上农业并不是必然地产生剩余。剩余本身也不会必然地自动导致国家的形成。譬如，一个社会可能自动地停留在酋长制阶段，甚至也可能处于更低的水平。”[2] 卡尔奈罗（Carneiro）批判的国家起源的“自动理论”，可以对照着恩格斯在《起源》中的论述来理解：“氏族制度已经过时了。它被分工及其后果即社会之分裂为阶级所炸毁。它被国家代替了。”[3] 比较这两种不同的分析理路，可以看到，至少在相当程度上，卡尔奈罗关于国家起源的

① 黄洋：《试论荷马社会的性质与早期希腊国家的形成》，载《世界历史》1997 年第 4 期。

② ［俄］哈赞诺夫：《关于早期国家研究的一些理论问题》，黄松英译，载［苏］安德列耶夫等：《古代世界的城邦》，张竹明等译，华东师范大学出版社 2011 年版，第 249 页。

③《马克思恩格斯文集》第四卷，人民出版社 2009 年版，第 188 页。

观点迥异于《起源》对国家起源的论述。

在荷兰学者克列逊（Claessen）与捷克斯洛伐克学者斯卡尔尼克（Skahuk）合著的论文中，则直接针对《起源》一书提出了批评，他们写道：“依据希腊罗马和日耳曼人古代历史上的材料，恩格斯概述了阶级的形成和随之而来的国家权力的产生。阶级的形成使得这样一种政治机构的建立成为必要，它是为保证统治阶级永久的最高权势而建立起来的。”这样一种政治机构其实就是国家，恩格斯的概述“指明了一个很重要的关系，即：一方面是私有制与社会阶级的发展，另一方面是国家的起源。许多人的研究（Fried，1967；Godelier，1969、1970；Khazanov，1971、1972、1974、1975；Terray，1975；Eder，1976；等等）表明：这种关系并不像恩格斯所说的那样，是一种简单的因果关系；而且似乎也不像有些晚近的学者所设想的那个样子”。[1]

以上，还仅仅是几个孤立的学术例证。事实上，自《起源》问世以来，在世界范围内，130 多年的时间里，对《起源》的批评与质疑从未间断。对此，我国已有学者做出了专门的“百

① ［荷］克列逊、［捷］斯卡尔尼克：《关于早期国家的各种学说与假说》，杨玄塞译，彭小瑜校，载［苏］安德列耶夫等：《古代世界的城邦》，张竹明等译，华东师范大学出版社 2011 年版，第 270 页。

年综述”。[1] 在这样的学术背景下，《起源》是否还站得住脚？如何看待《起源》在世界范围内引发的百年争论？对这个不容回避的问题，可以从两个不同的层面来看待。

从学术讨论的层面上看，特别是在人类学的专业领域，关于人类文明早期的某些细节，某些具体的判断，见于《起源》一书的论述确实存在着改进的空间，譬如，前述关于希腊国家的产生时间，就可以进一步讨论。随着考古学的进步，随着出土文物资料的不断丰富，还会更多地改写恩格斯在人类学方面的一些观点与论断，这是毋庸置疑的。事实上，早在《起源》第一版发表以后，恩格斯对此已有充分的认识。正如恩格斯在《起源》第四版的序言中所说：“自本书初版问世以来，已经有七年了；在这几年间，对于原始家庭形式的认识，已经获得了很大的进展。因此，在这里必须用心地加以修订和补充”，“因此，我仔细地校阅了全文，并作了许多补充，希望在这些补充中恰如其分地照顾到了今天的科学状况。”[2] 这段话可以表明，相对于 1884 年的《起源》第一版，1891 年的《起源》第四版

---

① 徐国栋：《家庭、国家和方法论——现代学者对摩尔根〈古代社会〉和恩格斯〈家庭、私有制和国家的起源〉之批评百年综述》，载《中外法学》2002 年第 2 期。

② 《马克思恩格斯文集》第四卷，人民出版社 2009 年版，第 18 页。

已经在恩格斯的手上得到了“修订与补充”。因为，那个时期的学术研究，在七年时间里已经获得了很大的进展，恩格斯愿意根据这些新进展，进一步完善《起源》，让《起源》能够自我生长、自我演进，能够与学术领域内的发展保持某种同步性。换言之，早在恩格斯生前，《起源》已经成为一个不断生长的文本，能够对学术界不断出现的新材料、新成果做出及时的反应。

但是，从另一个层面来看，对于《起源》一书建构起来的叙事框架，恩格斯则保持了高度的自信。同样是在《起源》第四版的序言中，恩格斯写道：“自从摩尔根的主要著作出版以来已经14年了，这14年间，关于人类原始社会史的材料，已经大大丰富起来；除了人类学家、旅行家及职业的史前史学家以外，比较法学家也参加进来了，他们有的提供了新的材料，有的提出了新的观点。结果，摩尔根有一些假说便被动摇，甚至站不住脚了。不过，新搜集的资料，不论在什么地方，都没有导致必须用其他的观点来代替他的卓越的基本观点。他给原始历史建立的系统，在基本的要点上，今天仍然有效。甚至可以说，越是有人力图隐瞒摩尔根是这一伟大进步的奠基者，他所建立的这个系统就越将获得大家的公认。”[①] 恩格斯

---

① 《马克思恩格斯文集》第四卷，人民出版社2009年版，第30页。

为摩尔根“建立的这个系统”辩护，就是在为《起源》建构的“系统”辩护。这就是需要特别注意的地方，也是本文反复强调的地方:《起源》的核心旨趣就在于建立一个解释系统、叙事框架。马克思主义的基本原理，马克思、恩格斯关于政治、经济、社会、文化的论述，几乎都可以在这个解释系统、叙事框架中来理解。

因此，关键的问题是从什么样的角度看待《起源》引起的百年争论。如果仅仅是从人类学的专业学术立场上看，《起源》的一些论述完全可以进一步探讨。但是，如果超越专业性的学术旨趣，从社会主义的立场看来，从共产主义的信仰来看，《起源》确立起来的“卓越的基本观点”与强大的解释“系统”，亦即《起源》所确立的解释系统、叙事框架，不仅“今天仍然有效”，而且不可能动摇。

事实上，已有学者注意到，“恩格斯研究人类学的目的，并非为了成为这方面的专家，而是为了弄清从前资本主义社会过渡到资本主义社会的各中间环节，从而证明资本主义社会不是永恒的，而是可变的，要向更合理的社会转化的。简言之，恩格斯进行人类学研究的目的并非为了人类学本身，而是为了对资本主义社会进行分析和批判，这就使恩格斯的人类学研究具有浓厚的政治色彩。”[①] 这个评论值得参考。我们则认为，《起源》是一部人类学著作，但又远远超越了专业人类学的价值与意义。如前所述，按照列宁的观点，它是社会主义的基本著作之一。我们则认为，还应当给予它更高的评价，它作为马克思主义的“创世记”，乃是一部为社会主义奠基的著作。因为，它为马克思主义思想体系、理论体系的展开搭建了一个框架，确立了一个起点。虽然，它在马克思、恩格斯漫长的著述过程中成书较晚，但在理论逻辑上，却应该作为马克思、恩格斯的第一篇文献来阅读。因此，要弄通马克思主义理论与历史唯物主义方法，应当从阅读《起源》开始。

原文以《国家与法的方法论》为题，
载《政法论丛》2018 年第 4 期，
修订后收入本书。

① 徐国栋：《家庭、国家和方法论——现代学者对摩尔根〈古代社会〉和恩格斯〈家庭、私有制和国家的起源〉之批评百年综述》，载《中外法学》2002 年第 2 期。

贰

《共产党宣言》：自由个性的憧憬

恩格斯反复强调的“贯穿《共产党宣言》的基本思想”，集中体现在这个历史文件第二章的末句：“代替那存在着阶级和阶级对立的资产阶级旧社会的，将是这样一个联合体，在那里，每个人的自由发展是一切人的自由发展的条件。”参照马克思的其他文献，这个基本思想既可以初步概括为“自由人联合体”，还可以进一步概括为“自由个性”。因此，“贯穿《共产党宣言》的基本思想”可以归纳为：自由个性的憧憬。

一 如何理解“贯穿《共产党宣言》的基本思想”

在马克思主义的经典文献体系中，《共产党宣言》对世界和历史的影响力有目共睹。那么，在这个新的时代，如何把握恩格斯所说的“贯穿《共产党宣言》的基本思想”，如何让《共产党宣言》在新的时代焕发出新的思想活力、理论活力，乃是当代社会主义事业中不容回避的重大理论问题。

要理解“贯穿《共产党宣言》的基本思想”，当然应该直接阅读1848年的《共产党宣言》，这是基础，也是根本。但是，仅仅止步于1848年的《共产党宣言》，并不能完整、准确地理解《共产党宣言》。让我们回到1871年，在《共产党宣言》问世23年之际，由于准备出版新的德文版《共产党宣言》，当时的《人民国家报》编辑部，特别是李卜克内西，请求马克思和恩格斯为该版《共产党宣言》写一篇新的序言。[①] 马克思在致李卜克内西的信中明确强调："《共产党宣言》如果不加新的序言，当然不能出版。我同恩格斯将竭力做些这方面的准备。"[②] 马克思的这个态度意味着，"加新的序言"是重新出版《共产党宣言》的前提条件。"加新的序言"的实质，就是要借助于新序言这种方式、这个途径、这一载体，对《共产党宣言》做出新的解释，从而着眼于新的时代，为 1848 年诞生的《共产党宣言》赋予新的思想内涵。正是通过马克思、恩格斯"竭力"做出的"准备"，形成了我们现在看到的《共产党宣言》的 1872 年德文版序言。这篇序言指出："《宣言》是一个历史文件，我们已没有权利来加以修改。下次再版时也许能加上一篇论述 1847 年到现在这段时期的导言。这次再版太仓促了，我们来不及做这件工作。"[③]

马克思、恩格斯的这个论断值得深思。这个论断表明，早在 1871 年之际，1848 年问世的《共产党宣言》已经进入历史，已经成为一个历史性的存在，即使是马克思、恩格斯本人，也不可能改变这个历史性的存在。但是，以"导言"或"序言"

① 《马克思恩格斯全集》第三十三卷，人民出版社 1973 年版，第 728 页。
② 《马克思恩格斯全集》第三十三卷，人民出版社 1973 年版，第 209 页。
③ 《马克思恩格斯文集》第二卷，人民出版社 2009 年版，第 6 页。

的方式，为历史性的文本重新赋予意义，让历史性的文本与时俱进，既是可能的，也是必要的，甚至是必须的。正是由于这个缘故，在数十年间，马克思、恩格斯为1848年形成的“历史文件”写下了七篇序言：在1872年的德文版序言之后，还有1882年的俄文版序言、1883年的德文版序言、1888年的英文版序言、1890年的德文版序言、1892年的波兰文版序言，以及1893年的意大利文版序言。其中，只有1872年的德文版序言与1882年的俄文版序言，是由马克思、恩格斯共同署名的。由于马克思在1883年辞世，此后的五篇序言都是由恩格斯单独署名。

《共产党宣言》的“序言创作史”表明，1848年的《共产党宣言》与它的七篇序言是一个整体，七篇序言是马克思、恩格斯推动《共产党宣言》自我更新、自主生长、不断发展的基本方式。如果认真对待马克思提出的要求——“如果不加新的序言，当然不能出版”，那么，对“贯穿《共产党宣言》的基本思想”的理解，既要根据1848年首次发表的“历史文件”，又要参照数十年间渐次生成的七篇序言，与此同时，还要联系马克思、恩格斯的其他著作——因为《共产党宣言》与马克思、恩格斯的其他著作相互关联，是一个不能分割开来的有机整体。根据这样的原则与方法，我们可以发现多个彼此交织的思想线索，能够帮助我们理解“贯穿《共产党宣言》的基本思想”。

首先值得注意的，是《共产党宣言》的1883年德文版序言，它指出：“贯穿《宣言》的基本思想：每一历史时代的经济生产以及必然由此产生的社会结构，是该时代政治的和精神的历史的基础；因此（从原始土地公有制解体以来）全部历史都是阶级斗争的历史，即社会发展各个阶段上被剥削阶级和剥削阶级之间、被统治阶级和统治阶级之间斗争的历史；而这个斗争现在已经达到这样一个阶段，即被剥削被压迫的阶级（无产阶级），如果不同时使整个社会永远摆脱剥削、压迫和阶级斗争，就不再能使自己从剥削它压迫它的那个阶级（资产阶级）下解放出来。——这个基本思想完全是属于马克思一个人的。”[①] 这是恩格斯第一次直接阐述“贯穿《共产党宣言》的基本思想”。据此，“贯穿《共产党宣言》的基本思想”可以归结为：经济生产决定政治与精神，整个社会永远摆脱剥削、压迫和阶级斗争是无产阶级获得解放的前提条件。

五年之后，《共产党宣言》的1888年英文版序言更加明确地提出：“构成《宣言》核心的基本思想是属于马克思的。这

① 《马克思恩格斯文集》第二卷，人民出版社2009年版，第9页。

个思想就是：每一历史时代主要的经济生产方式和交换方式以及必然由此产生的社会结构，是该时代政治的和精神的历史所赖以确立的基础，并且只有从这一基础出发，这一历史才能得到说明；因此人类的全部历史（从土地公有的原始氏族社会解体以来）都是阶级斗争的历史，即剥削阶级和被剥削阶级之间、统治阶级和被压迫阶级之间斗争的历史；这个阶级斗争的历史包括有一系列发展阶段，现在已经达到这样一个阶段，即被剥削被压迫的阶级（无产阶级），如果不同时使整个社会一劳永逸地摆脱一切剥削、压迫以及阶级差别和阶级斗争，就不能使自己从进行剥削和统治的那个阶级（资产阶级）的奴役下解放出来。"[①] 这是恩格斯第二次正面阐述"贯穿《共产党宣言》的基本思想"，这段话的核心观点与 1883 年德文版序言中的核心观点几乎完全一样，特别是最后提出的那个论断——"整个社会一劳永逸地摆脱一切剥削、压迫以及阶级差别和阶级斗争"，可以理解为恩格斯在两篇序言中反复致意的未来目标。

那么，"一劳永逸地摆脱一切剥削、压迫以及阶级差别和阶级斗争"的社会，又是一个什么样的社会呢？要回答这个根本问题，必须回到 1848 年的《共产党宣言》，正是在这个"历

① 《马克思恩格斯文集》第二卷，人民出版社 2009 年版，第 14 页。

史文件”的第二章的最末一句，提供了关于这个根本问题的回答：“代替那存在着阶级和阶级对立的资产阶级旧社会的，将是这样一个联合体，在那里，每个人的自由发展是一切人的自由发展的条件。”[①] 据此，值得期待、必须追求的未来社会是一个“联合体”，在这个“联合体”中，每个人的自由发展是条件，一切人的自由发展是结果。这就是《共产党宣言》对未来社会的构想。这个构想可以理解为“贯穿《共产党宣言》的基本思想”。

对于这个“贯穿《共产党宣言》的基本思想”，晚年的恩格斯再次进行了确认。那是 1894 年 1 月 3 日，卡内帕请求恩格斯为 1894 年 3 月起在日内瓦出版的周刊《新纪元》找一段题词，用极短的字句来表述未来的社会主义纪元的基本思想，以区别于但丁曾经说的“一些人统治，另一些人受苦难”的旧纪元。恩格斯在 1894 年 1 月 9 日的回信中写道：“我打算从马克思的著作中给您寻找一行您所要求的题词。马克思是当代唯一能够和伟大的佛罗伦萨人相提并论的社会主义者。但是，除了从《共产党宣言》（意大利刊物《社会评论》第 35 页）中摘出下列一段话外，我再也找不出合适的了：‘代替那存在着阶级和阶级对立的资产阶级旧社会的，将是这样一个

① 《马克思恩格斯文集》第二卷，人民出版社 2009 年版，第 53 页。

联合体，在那里，每个人的自由发展是一切人的自由发展的条件。’要用不多几个字来表述未来新时代的思想，同时既不堕入空想社会主义又不流于空泛辞藻，这个任务几乎是难以完成的。”[①] 恩格斯的这个回复表明，只有《共产党宣言》中的这句话，能够帮助恩格斯完成这个“几乎是难以完成的”任务。恩格斯的这个回复同时也表明，在经历了将近半个世纪的理论检验、特别是实践检验之后，只有这句话能够表达未来的社会主义纪元的基本思想。由于在 1895 年辞世，恩格斯在前一年（1894 年）做出的这个回复，可以看作是他关于“贯穿《共产党宣言》的基本思想”之“晚年定论”。这样的“晚年定论”再次证明，恩格斯摘出的这句话足以代表“贯穿《共产党宣言》的基本思想”。

在此，还应当再次提到马克思、恩格斯共同完成的 1872 年德文版序言，这篇序言专门提到《共产党宣言》第二章：“不管最近 25 年来的情况发生了多大的变化，这个《宣言》中所阐述的一般原理整个说来直到现在还是完全正确的。某些地方本来可以作一些修改。这些原理的实际运用，正如《宣言》中所说的，随时随地都要以当时的历史条件为转移，所以第二

① 《马克思恩格斯全集》第三十九卷，人民出版社 1974 年版，第 189 页。

章末尾提出的那些革命措施根本没有特别的意义。如果是在今天，这一段在许多方面都会有不同的写法了。”[①] 马克思、恩格斯的这段话，包含了值得索解的两个方面的信息。一方面，《共产党宣言》第二章“提出的那些革命措施”就是指：“最先进的国家几乎都可以采取下面的措施：1. 剥夺地产，把地租用于国家支出。2. 征收高额累进税。3. 废除继承权。4. 没收一切流亡分子和叛乱分子的财产。5. 通过拥有国家资本和独享垄断权的国家银行，把信贷集中在国家手里。6. 把全部运输业集中在国家的手里。7. 按照总的计划增加国家工厂和生产工具，开垦荒地和改良土壤。8. 实行普遍劳动义务制，成立产业军，特别是在农业方面。9. 把农业和工业结合起来，促使城乡对立逐步消灭。10. 对所有儿童实行公共的和免费的教育。取消现在这种形式的儿童的工厂劳动。把教育同物质生产结合起来，等等。”[②] 在1872年的马克思、恩格斯看来，1848年提出的这些“革命措施”不必拘泥，在新的时代背景下，“革命措施”完全应当有“不同的写法”。另一方面，《共产党宣言》所阐述的一般原理是完全正确的，按照恩格斯反复的阐述与确认，这个完全

① 《马克思恩格斯文集》第二卷，人民出版社 2009 年版，第 5 页。
② 《马克思恩格斯文集》第二卷，人民出版社 2009 年版，第 52—53 页。

正确的一般原理可以概括为："代替那存在着阶级和阶级对立的资产阶级旧社会的，将是这样一个联合体，在那里，每个人的自由发展是一切人的自由发展的条件。"

把以上分述的思想线索结合起来，可以发现，"贯穿《共产党宣言》的基本思想"，就是这个历史文件第二章的末句："代替那存在着阶级和阶级对立的资产阶级旧社会的，将是这样一个联合体，在那里，每个人的自由发展是一切人的自由发展的条件。"

二　如何概括“贯穿《共产党宣言》的基本思想”

如果我们把《共产党宣言》第二章的末句当作“贯穿《共产党宣言》的基本思想”，那么，如何概括这个基本思想？能否把这个基本思想提炼成为一个简洁的概念？

显而易见，在《共产党宣言》第二章末句中，马克思、恩格斯对未来社会的设想，主要包含了三个要素。其中，第一个要素是“联合体”，这是人与人组成的集体、群体、社会。取代“旧社会”的“联合体”，其实就是一个新社会。因此，联合体就是社会本身。第二个要素是“每个人的自由发展”。在新的社会（联合体）里，每个人都有自由发展的机会、条件、现实。新的社会是一个每个人都能够自由发展的社会。第三个要素是“一切人的自由发展”，这是每个人自由发展的一个结果。从理论层面上说，“一切人的自由发展”与“每个人的自由发展”还是有差异的：“每个人的自由发展”偏重于强调个体的自由发展，“一切人的自由发展”偏重于强调整体、群体、集体的发展。虽然“每个人的自由发展”是“一切人的自由发展”的前提条件，但是，未来的社会应当是一个强调人的自由发展的社会，是一个“由自由发展的人组成的社会”，这样的社会是旧社会的替代物。

如何进一步概括“由自由发展的人组成的社会”？早在1842年的《第179号“科伦日报”社论》一文中，年仅24岁的马克思就提出：国家乃是“相互教育的自由人的联合体。”① 在1867年的《资本论》中，马克思说：“让我们换一个角度，设想有一个自由人联合体，他们用公共的生产资料进行劳动，并且自觉地把他们的许多个人劳动力当作一个社会劳动力来使用。”② 马克思在《共产党宣言》发表之前及之后分别提出的“自由人联合体”，可以解释“由自由发展的人组成的社会”。如果打通《共产党宣言》与《资本论》及《第179号“科伦日报”社论》，我们可以得出这样的结论：“代替那存在着阶级和阶级

① 《马克思恩格斯全集》第一卷，人民出版社1956年版，第118页。
② 《马克思恩格斯文集》第五卷，人民出版社2009年版，第96页。

对立的资产阶级旧社会的”，将是一个“自由人联合体”。因此，我们可以用“自由人联合体”这个概念，来概括“这样一个联合体，在那里，每个人的自由发展是一切人的自由发展的条件”。

我们可以用“自由人联合体”这个概念，来概括“贯穿《共产党宣言》的基本思想”。但是，这仅仅是概括“贯穿《共产党宣言》的基本思想”的第一步，在此基础上，我们还可以参照马克思的其他著作，进一步概括“贯穿《共产党宣言》的基本思想”。

在《1857—1858 经济学手稿）》中，马克思关于人类社会形态的演进有一个宏观的分段，他说：“人的依赖关系（起初完全是自然发生的），是最初的社会形态，在这种形态下，人的生产能力只是在狭窄的范围内和孤立的地点上发展着。以物的依赖性为基础的人的独立性，是第二大形态，在这种形态下，才形成普遍的社会物质变换，全面的关系、多方面的需要以及全面的能力的体系。建立在个人全面发展和他们共同的社会生产能力成为他们的社会财富这一基础上的自由个性，是第三个阶段。第二个阶段为第三个阶段创造条件。因此，家庭制的、古代的（以及封建的）状态随着商业、奢侈、货币、交换价值的发展而没落下去，现代社会则随着这些东西一道发展起来。”[①]

在这段话中，马克思区分了人类社会的三种形态：第一种社会形态是“最初的社会形态”，这种社会形态的核心与实质是“人的依赖关系”或人的依赖性。第二种社会形态的核心与实质是“物的依赖性”。第三种社会形态的核心与实质是“自由个性”。马克思在此所说的“自由个性”，可以看作是对“每个人的自由发展是一切人的自由发展的条件”这一论断的高度概括。因此，“由自由发展的人组成的社会”完全可以概括为自由个性社会。

在自由个性社会形成之前，在走向自由个性的过程中，有两个必经的环节与阶梯，那就是“人的依赖性”与“物的依赖性”。就在《1857—1858 年经济学手稿》中，马克思还进一步区分了它们分别对应的两种不同的社会形态，他说：“如果考察的是产生不发达的交换、交换价值和货币制度的那种社会关系，或者有这种制度的不发展程度与之相适应的那种社会关系，那么一开始就很清楚，虽然个人之间的关系表现为较明显的人的关系，但他们只是作为具有某种［社会］规定性的个人而互相交往，如封建主和臣仆、地主和农奴等等，或作为种姓

① 《马克思恩格斯全集》第四十六卷上册，人民出版社 1979 年版，第 104 页。

成员等等，或属于某个等级等等。在货币关系中，在发达的交换制度中（而这种表面现象使民主主义受到迷惑），人的依赖纽带、血统差别、教育差别等等事实上都被打破了，被粉碎了（一切人身纽带至少都表现为人的关系）；各个人看起来似乎独立地（这种独立一般只不过是幻想，确切些说，可叫作——在彼此关系冷漠的意义上——彼此漠不关心）自由地互相接触并在这种自由中互相交换；但是，只有在那些不考虑个人互相接触的条件即不考虑生存条件的人看来（而这些条件又不依赖于个人而存在，它们尽管由社会产生出来，却表现为自然条件，即不受个人控制的条件），各个人才显得是这样的。”①

马克思在此区分了两种不同的社会关系：第一种社会关系的特征是不发达——不发达的交换，尤其是不发达的货币制度。在这样的经济条件下，个人之间的关系主要体现为身份关系，具有某种“社会规定性的个人”就是具有某种身份的个人，譬如，封建主和臣仆，地主和农奴。在这种社会关系中，无论是在哪种情况下，身份或等级都是个人之间交往关系的约束条件。这样的社会关系，主要体现为“人的依赖性”，与这种社会关系对应的社会形态，同时包括了封建社会与奴隶社会。虽

① 《马克思恩格斯全集》第四十六卷上册，人民出版社 1979 年版，第 110 页。

然在奴隶社会与封建社会之间，存在着明显的断裂与巨大的跨越，但是，两种社会形态都有一个共性：人的依赖性，一个人在身份上依赖于另一个人。马克思所说的“个人之间的关系表现为较明显的人的关系”，此处的“人的关系”，应当理解为“人的依赖性”关系或“人的依赖关系”。

第二种社会关系的特征是发达的交换制度，尤其是发达的货币制度。按照马克思的论述，货币是“社会的抵押品”。[①] 这个论断看似简单，其实蕴含着深厚的学术思想渊源。关于这个论断，中文版《马克思恩格斯全集》的一条注释，为我们提供了进一步的说明：“马克思把货币称为‘抵押品’（或‘社会的抵押品’），一方面是指亚里士多德《尼科马赫伦理学》一书中的一处（第 5 卷第 8 章第 14 节），另一方面是指英国经济学家贝勒斯对货币下的定义（贝勒斯《论贫民、工业、贸易、殖民地和道德堕落》1699 年伦敦版第 13 页）。马克思引用亚里士多德的话，见本卷下册中的《七个笔记本的索引》；引用贝勒斯的话，见《资本论》第一卷（《马克思恩格斯全集》中文版第 23 卷第 151 页）。”[②] 在后来完成的《资本论》一书中，马

① 《马克思恩格斯全集》第四十六卷上册，人民出版社 1979 年版，第 107 页。
② 《马克思恩格斯全集》第四十六卷上册，人民出版社 1979 年版，第 532 页。

克思还为“货币”给出了一个新的更加精准的解释：“作为价值尺度并因而以自身或通过代表作为流通手段来执行职能的商品，是货币。”[①]

从社会意义来看，货币更是一种抹去身份、销蚀血统的媒介与装置。发达的货币制度，其实是对血统差别、教育差别、身份差别的排斥，尤其是对“人的依赖纽带”的排斥。由于这个缘故，货币制度越发达，“人的依赖性”就越稀薄。然而，“人的依赖性”弱化之后，并不意味着人与人之间可以自由地互相交往，并在这种自由交往中互相交换。在马克思看来，在发达的货币制度下，人的自由与独立只不过是“看起来似乎独立”而已。在发达的货币制度下，人的自由与独立依然仅仅是一种幻想。因为，人的生存条件是一个根据无法躲开、不能回避的硬约束，这种硬约束的实质就是“物的依赖性”。

因此，两种社会关系既代表了两种社会形态，其实也代表了两种场合，“在前一场合表现为人的限制即个人受他人限制的那种规定性，在后一场合则在发达的形态上表现为物的限制即个人受不以他为转移并独立存在的关系的限制。（因为单个人不能摆脱自己的人的规定性，但可以克服和控制外部关系，

① 《马克思恩格斯文集》第五卷，人民出版社 2009 年版，第 152 页。

所以在第二个场合他看起来享有更大的自由。但是，对这种外部关系或这些条件的进一步考察表明，属于一个阶级等等的各个人作为全体来说如果不消灭这些关系或条件，就不能克服它们。个别人偶尔能战胜它们；受它们控制的大量人却不能，因为它们的存在本身就表明，各个人从属于而且必然从属于它们。)”进一步看，“这些外部关系决不是‘依赖关系’的消除，它们只是使这种关系变成普遍的形式；不如说它们为人的依赖关系造成普遍的基础。个人在这里也只是作为一定的个人互相发生关系，这种与人的依赖关系相对应的物的依赖关系也表现出这样的情形（物的依赖关系无非是与外表上独立的个人相对立的独立的社会关系，也就是与这些个人本身相对立而独立化的、他们互相间的生产关系）：个人现在受抽象统治，而他们以前是互相依赖的。但是，抽象或观念，无非是那些统治个人的物质关系的理论表现。”[①]

马克思的这段话进一步辨析了“人的依赖性”与“物的依赖性”之间的不同：“人的依赖性”是个人依赖于他人，个人受他人的限制；“物的依赖性”是个人依赖于物，个人受物的

① 《马克思恩格斯全集》第四十六卷上册，人民出版社1979年版，第110—111页。

限制。虽然在“物的依赖性”场合下，人似乎显得更自由，但是，决不意味着“依赖关系”的消除。因为，人不仅对物产生依赖，受到物的统治，他们还受到“观念”的统治。马克思在此所说的“观念”，其实是物质关系的理论表达，甚至可以概括为资本主义时代的商品拜物教。正如卢卡奇所见，“我们必须明白，商品拜物教问题是我们这个时代、即现代资本主义的一个特有的问题。”原因在于，“一个商品形式占支配地位、对所有生活形式都有决定性影响的社会和一个商品形式只是短暂出现的社会之间是一种质的区别。”[①] 推而广之，无论是在哪种场合下，只要依赖关系没有消除，自由个性都是无从实现的。只有首先摆脱“人的依赖性”，进而摆脱“物的依赖性”，才可能走向“自由个性”的阶段。

与此同时，马克思还批评了一种关于自由个性的唯心主义观点。他说：“关系当然只能表现在观念中，因此哲学家们认为新时代的特征就是新时代受观念统治，从而把推翻这种观念统治同创造自由个性看成一回事。从意识形态角度来看更容易犯这种错误，因为上述关系的统治（上述物的依赖关系，不用

① ［匈］卢卡奇：《历史与阶级意识——关于马克思主义辩证法的研究》，杜章智、任立、燕宏远译，商务印书馆1992年版，第144页。

说，又会转变为摆脱一切幻想的、一定的、人的依赖关系）在个人本身的意识中表现为观念的统治，而关于这种观念的永恒性即上述物的依赖关系的永恒性的信念，统治阶级自然会千方百计地来加强、扶植和灌输。”[①] 在马克思看来，对自由个性的追求，不能指望推翻观念的统治，这是无济于事的。且不说统治阶级会加强这样的观念，更加根本的原因在于，观念本身根源于实质性的关系：物的依赖关系，人的依赖关系。因此，对自由个性的追求，只能通过对“人的依赖关系”“物的依赖关系”的消除来实现。

如果打通《第179号“科伦日报”社论》《1857—1858年经济学手稿》《资本论》与《共产党宣言》，就可以发现，《经济学手稿》中的“自由个性”在社会形态上体现为《资本论》中的“自由人联合体”，按照《共产党宣言》，“自由人联合体”就是“这样一个联合体，在那里，每个人的自由发展是一切人的自由发展的条件”。换言之，可以用“自由个性”来概括“贯穿《共产党宣言》的基本思想”。这种概括的理论意义，在于推动这个“历史文件”与时俱进。那么，这是否可能？如何可能？

---

① 《马克思恩格斯全集》第四十六卷上册，人民出版社1979年版，第111页。

三　自由个性能否作为《共产党宣言》第八篇序言的关键词

众所周知，恩格斯在1893年为《共产党宣言》写下的第七篇序言，是《共产党宣言》序言创作史上的绝响。在恩格斯之后，《共产党宣言》再无新的序言。在《共产党宣言》问世170年以后的今天，理解、研究《共产党宣言》的最好方式，推动《共产党宣言》与时俱进的最好方式，建构《共产党宣言》与新时代血肉联系的最好方式，就是为《共产党宣言》重新拟写一篇序言。事实上，如前所述，早在1871年，马克思已经提出了这样的要求：在《共产党宣言》重新出版之际，一定要加上新的序言。马克思表达这个观点的时候，距离《共产党宣言》的初次出版，其实只有23年。在马克思诞辰200年之际，在《共产党宣言》发表170年之际，是否可以为这篇历久弥新的“历史文件”拟写一篇2018年序言，以之作为《共产党宣言》的第八篇序言？

回答是肯定的，甚至要用更加肯定的“必须”来回答。在1883年马克思辞世之后，特别是在1895年恩格斯辞世之后，马克思、恩格斯耳闻目睹的资本主义社会经历了全面而深刻的变迁。一个显而易见的变迁轨迹可以概括为：资本主义已经从单一走向多元。资本主义国家尽管都选择了市场经济，但是，美国的资本主义主要表现为自由的市场经济，法国的资本主义主要表现为有计划的市场经济，德国的资本主义偏重于社会公平的市场经济，瑞典的资本主义偏重于福利的市场经济，日本的资本主义是政府主导型的市场经济，等等。除此之外，其他具有个性化特征的资本主义还有很多。与此同时，由共产党领导的社会主义革命和建设同样经历了天翻地覆的变化。特别是在中国，随着社会主义革命的成功和社会主义建设的展开，特别是随着改革开放的全面深化与思想建设、理论建设的全面展开，更需要从170年前的《共产党宣言》中汲取思想资源、理论资源。

那么，对于今天的社会主义事业来说，170年前的《共产党宣言》蕴含的最重要的思想资源、理论资源到底是什么？对此，我们只能再次重述恩格斯在1894年挑选出来的论断：“代替那存在着阶级和阶级对立的资产阶级旧社会的，将是这样一个联合体，在那里，每个人的自由发展是一切人的自由发展的条件。”这样一条在马克思主义经典著作中反复出现的论断，也在本文中反复出现，它就像一首乐曲中反复演奏的“执拗低音”，又像一幅艺术作品的底色，实为《共产党宣言》这一历史文件蕴含的思想神髓，称它为《共产党宣言》永不过时的“不败金身”也是可以的。更重要的是，倘若参考恩格斯在多篇文献中的阐释，特别是结合马克思在《1857—1858年经济学手稿》中的论断，《共产党宣言》的思想神髓还可以提炼成为一个更加简洁的论断：从阶级斗争到自由个性。

在马克思、恩格斯创作《共产党宣言》的时代，并由此上溯到氏族终结、私有制产生和国家起源的时代，阶级和阶级斗争确实贯穿了历史的全过程。在“人的依赖性”阶段，存在着“封建主和臣仆”之间、“地主和农奴”之间的阶级差别和阶级斗争。在马克思、恩格斯的时代，亦即“物的依赖性”盛行的阶段，存在着资产阶级与无产阶级之间的阶级差异与阶级斗争，这既是马克思、恩格斯的生活环境，也是《共产党宣言》的创作背景，因此，《共产党宣言》中的大量篇幅，都是对这种社会现实的真实反映。《共产党宣言》为什么有力量？是因为它彻底地反映了19世纪中后期的社会现实：阶级差别与阶级斗争，特别是无产阶级与资产阶级之间的对立与冲突。《共产党宣言》在20世纪初期传入中国，并产生了巨大的思想影响与政治影响，也是因为它能够反映20世纪初期的中国现实：与民族矛盾相交织的阶级矛盾与阶级斗争。

但是，从20世纪70年代末期开始，中国实行改革开放。按照中国宪法序言的规定，“在我国，剥削阶级作为阶级已经消灭，但是阶级斗争还将在一定范围内长期存在”。尽管如此，对抗性的“阶级人”毕竟趋于淡化，社会主义的“建设者”“爱国者”毕竟在逐渐凸显，可以说是“此起而彼伏”。在这样的背景下，一个曾经以“阶级斗争”为纲的社会，开始迅速而坚定地转向追求“自由个性”的社会。如果说，从阶级斗争到自由个性是《共产党宣言》的核心指向、基本方向，更具体地说，从19世纪中后期的阶级斗争抵达未来的自由个性是《共产党宣言》构想的基本轨迹，那么，对于当代中国来说，以“阶级斗争”为纲的阶段、环节、时代已经基本走过，现在已经走在寻求自由个性的新阶段、新环节、新时代。在这样的时代背景下，如果要为《共产党宣言》拟写一篇新的序言，那么新序言的关键词就应当是自由个性。如果说，阶级斗争是“人的依赖性”时代、“物的依赖性”时代的产物，那么，自由个性就是人摆脱了对“人的依赖性”、对“物的依赖性”之后的状态。

如果说，阶级斗争对应的社会形态主要是奴隶社会、封建社会以及资本主义社会，那么，自由个性对应的社会形态就是社会主义社会。

“贯穿《共产党宣言》的基本思想”是马克思与恩格斯共同创立的，但是，如前所述，恩格斯在《共产党宣言》1883年序言、1888年序言中已经反复说过，《共产党宣言》的基本思想主要属于马克思。我们可以说，这是恩格斯的自谦之辞，但同时也可以说，马克思对《共产党宣言》的基本思想产生了更大的主导作用。然而，正是在马克思的笔下，我们可以看到关于《共产党宣言》基本思想的阐释、深化、拓展。特别是《1857—1858年经济学手稿》，虽然它在标题上显示为一部经济学著作，而且是为《资本论》的创作进行准备的一部手稿，但是在这部著作中，明显可以看到马克思对《共产党宣言》基本思想的深化。特别是其中提出的“自由个性”概念，其实就是关于“每个人的自由发展是一切人的自由发展的条件”这一论断的高度概括。

由此，我们可以反过来解释自由个性的含义——所谓自由个性，就是指每个人的自由发展是一切人的自由发展的条件。更通俗地说，自由个性既追求每个人的自由发展，更追求一切人的自由发展。这就是自由个性的憧憬，也是《共产党宣言》

在新时代应当突显出来的核心思想。

与此同时，我们还要看到，自由个性的实现是有条件的。一方面，“要使这种个性成为可能，能力的发展就要达到一定的程度和全面性，这正是以建立在交换价值基础上的生产为前提的，这种生产才在产生出个人同自己和同别人的普遍异化的同时，也产生出个人关系和个人能力的普遍性和全面性。”[①] 这就是说，自由个性的实现，首先取决于个人能力的发展。“个人的全面发展，只有到了外部世界对个人才能的实际发展所起的推动作用为个人本身所驾御的时候，才不再是理想、职责等等，这也正是共产主义者所向往的。”[②]

在《德意志意识形态》中，马克思、恩格斯还认为：“在共产主义社会中，即在个人的独创的和自由的发展不再是一句空话的唯一的社会中，这种发展正是取决于个人间的关系，而这种个人间的联系则表现在下列三个方面，即经济前提，一切人的自由发展的必要的团结一致以及在现有生产力基础上的个人的共同活动方式。”[③] 按照这段论述，个人能够自由发展的

① 《马克思恩格斯全集》第四十六卷上册，人民出版社 1979 年版，第 108—109 页。

② 《马克思恩格斯全集》第三卷，人民出版社 1960 年版，第 330 页。

③ 《马克思恩格斯全集》第三卷，人民出版社 1960 年版，第 516 页。

社会，就是取代资本主义社会的共产主义社会——社会主义是它的初级阶段。这样的社会其实就是自由个性社会。自由个性社会的实现，主要取决于个人间的关系。这就是说，自由个性的实现，取决于特定的“经济前提”“必要的团结一致”，以及特定生产力基础上的“共同生活方式”。换言之，自由个性的实现是一项复杂的系统工程。一方面，它需要一定的经济条件或物质生活条件，一个贫穷落后的社会不可能成为自由个性社会。另一方面，它需要一定的共同生活方式——其实就是人与人之间的交往方式。物质生活条件是经济，共同生活方式是政治。从这个角度上说，自由个性是特定经济条件与特定政治条件的产物。在自由个性这个看上去相对抽象的“海面冰山”之下，其实还隐藏着一个以经济条件、政治条件为主体的巨大底座。

自由个性作为《共产党宣言》在新时代应当突显出来的基本思想与核心思想，其实主要是一个概念与理念。如何运用自由个性这个概念与理念，如何对这个概念与理念进行制度化的表达与建构，使之转化成为物质力量，尤其是，使之转化成为改变世界的物质力量，属于另一个层面上的问题。[①]但是，根

① 喻中:《自由个性的制度表达》，载《探索》2005 年第 2 期。

据新时代的新格局，以自由个性解释《共产党宣言》的基本思想与时代意义，应当是恰当的。现在，如果以自由个性作为关键词，为《共产党宣言》再拟写一篇新的序言，大概不会过度偏离马克思、恩格斯的原意。

原文以《自由个性的憧憬》为题，
载《理论探索》2018年第4期，
修订后收入本书。

附录一
自由个性的制度表达

一

近年来，马克思的自由个性概念受到了较多的关注。按照马克思在《1857—1858年经济学手稿》一书中的论述，自由个性是历史的产物。在历史进程中，“人的依赖关系（起初完全是自然发生的），是最初的社会形态，在这种形态下，人的生产能力只是在狭窄的范围内和孤立的地点上发展着。以物的依赖性为基础的人的独立性，是第二大形态，在这种形态下，才形成普遍的社会物质变换，全面的关系、多方面的需要以及全面的能力的体系。建立在个人全面发展和他们共同的社会生产能力成为他们的社会财富这一基础上的自由个性，是第三个阶段。”[1] 这就是马克思关于人类历史的“三阶段”理论。其中，第一阶段体现为“人的依赖性”，第二阶段体现为“物的依赖性”，至于“自由个性”，则是人类历史演进到第三个阶段的产物。在这里，如果要历史地把握作为“第三阶段”的“自由个性”，就必须尊重马克思的理论逻辑：自由个性，是人类社会首先克服了“人的依赖性”，并进而克服了“物的依赖性”之后的一种理想状态。从历史变迁的角度来看，在实现自由个性之前，必然要经历“人的依赖性”和“物的依赖性”这样两个阶段。从静态的角度来看，自由个性的基础是人的自由而全面的发展。

所谓“人的依赖性”，是指在前资本主义社会中，个人对血族群体、奴隶对奴隶主、农奴对领主的人身依附关系，个人不具有相对于他人的独立性。所谓“物的依赖性”，是指在资本主义社会中，虽然已经实现了某种有限的人的独立性，但在这个阶段，人的独立性仅仅是表面的，人的独立性受到了独立的社会关系，亦即独立的生产关系的限制，或者更简单地说，人的独立性受到了商品、物质财富的限制、约束。在这两类社会形态中，自由个性都无法实现。按照马克思的设想，与自由

① 《马克思恩格斯全集》第四十六卷上册，人民出版社 1979 年版，第 104 页。

个性相对应的社会形态，只能是共产主义社会，亦可以称之为自由个性社会。

既然自由个性是一个与共产主义社会相联系的理想，这就意味着，人的自由个性状态也是一种理想中的状态。严格说来，尤其是就当前的历史阶段和社会现实来看，人很难达到这种理想的状态，尤其不可能一劳永逸地始终驻足在自由个性的乐园里。相反，在一个相当长的历史时期内，人只能不断地逼近这种状态。正如恩格斯在《路德维希·费尔巴哈和德国古典哲学的终结》一文中所言："历史同认识一样，永远不会在人类的一种完美的理想状态中最终结束；完美的社会、完美的'国家'是只有在幻想中才能存在的东西；相反，一切依次更替的历史状态都只是人类社会由低级到高级的无穷发展进程中的暂时阶段。"[①] 根据这个原理，马克思描绘的自由个性，实际上是为当下的社会主义社会勾画了一个有待追求的目标，为我们这个时代指出了一个前行的方向。甚至可以说，整个社会的发展、全体人类的未来，都应当着眼于自由个性的不断实现。

由此看来，自由个性其实是一把标尺，应当通过自由个性

① 《马克思恩格斯文集》第四卷，人民出版社2009年版，第270页。

这个尺度，来衡量我们当下的制度建设是否有利于促进自由个性的实现。正是在这里，我们找到了自由个性与制度选择之间的相互关系：一方面，高妙的、令人神往的自由个性之境界，需要通过现实的具体制度来实现；离开了具体制度的保障与支撑，自由个性将会像天边的云彩，随风聚散，虚幻无根，飘浮不定。另一方面，现实的具体制度又离不开自由个性的指引，如果没有自由个性这个评判的尺度，具体制度可能会迷失方向，甚至可能误入歧途。

二

为了实现自由个性，首先应当考虑从制度上克服“人的依赖性”。

按照经典作家的论述，“人的依赖性”主要存在于前资本主义社会（原始社会、奴隶社会、封建社会）。然而，如果要问，在社会主义社会的背景下，“人的依赖性”是否已经彻底消失？对此，我们无法做出肯定的回答。尽管在正式制度上，我们置身于其中的时代早就超越了原始社会、奴隶社会和封建社会，已经建成了以公有制为主体的社会主义社会，但是，毋庸讳言，由于各种历史的、现实的原因，马克思所批判的“人的依赖性”依然顽固地潜伏在当前的社会关系中。换言之，“人的依赖性”并没有随着奴隶社会、封建社会的消亡而彻底灰飞烟灭。

“人的依赖性”难以根除的一个根源在于，人决定于、受制于他的特定的制度性身份。一个人的身份，将会从制度上限制他的行动范围、行动方式。从这个角度来看，如果要走出“人的依赖性”，有一个基本的路径，可以套用英国学者梅因提出的一个著名论断来概括：“所有进步社会的运动，到此处为止，是一个‘从身份到契约’的运动。”① 简而言之，就是“从身份到契约”。直至今日，这个看似简单的构想依然不失其合理性。那么，所谓契约，对人来说，到底意味着什么？在通常情况下，如果是严格意义上的契约，那一定是立约人自由意志的表达，是立约人在多种可能性之间自由选择的结果。当人与人之间的社会关系从无法选择的身份关系转向可以选择的契约关系时，人就有可能挣脱身份的枷锁，逐渐靠近自由个性的境界。

19 世纪之前的中国传统社会与西方前资本主义社会一样，都强调人的身份。如果出现了超越自己身份的言论与行为，将

① ［英］梅因：《古代法》，沈景一译，商务印书馆 1997 年版，第 97 页。

会受到否定的评价，甚至会受到严厉的惩罚。根据《论语》，孔子对鲁国大夫季氏擅用天子专属的“八佾”礼乐表达了强烈的愤慨：“八佾舞于庭，是可忍也，孰不可忍也？”[①]在重身份、重等级的社会中，制度安排常常围绕着身份而展开。一部《礼记》已经反复彰显了各种身份之间的差异，甚至是鸿沟。譬如，今人熟知的“礼不下庶人，刑不上大夫。刑人不在君侧”，[②]就是对身份制度、身份规则的生动展示，这里的庶人与大夫就表征了两种截然不同的身份。魏晋时期，实行九品中正制，晋人刘毅见证了由此造成的后果：“是以上品无寒门，下品无势族。”[③]数千年以降，注重“人的身份属性”作为一种传统，甚至延伸至当代。譬如，“文革”时期曾经盛行的“血统论”，是我们这个时代的很多人亲身经历的共同记忆。至于户籍制度中长期实行的农业人口与非农业人口的划分，其实也是某种身份制度的产物。这些制度把个体的人与某个特定的群体联系起来，使个体成为具有特定身份的个体。从本质上看，都可以归属于马克思所说的“人的依赖性”。

相对于传统的身份制度，契约制度偏重个体的自主选择。

① 杨伯峻译注：《论语译注》，中华书局2012年版，第32页。

② 王文锦译解：《礼记译解》，中华书局礼2016年版，第27页。

③ （唐）房玄龄等：《晋书》，中华书局2000年版，第839页。

从总体上说，契约制度普遍确认并维护个体意志的自由表达，这样的契约制度将有助于挣脱“人的依赖性”。

追根溯源，契约制度与契约理论相互依赖，不可分割。通常认为，政治上的契约理论主要是近代西方资本主义革命的产物；近现代以来的西方各国政制，基本上都是建立在“社会契约论”这个理论基础之上的。然而，如果把契约精神与契约制度仅仅归属于西方文化的产物，则是不恰当的。应当看到，在中国传统文化中，虽然没有孕育出洛克、卢梭等人表达的社会契约论，但是，契约的精神与制度却不乏中国式、本土化的表达。譬如，就经济层面来看，《周礼》述及“以官府之八成经邦治”，“八成”之一就是“听取予以书契”。[①] 战国时期，慎子认为：“书契，所以立公信也”。[②] 荀子告诉我们：“合符节、别契券者，所以为信也”。[③] 这里的“书契”“契券”都是实践中普遍使用的契约，可见契约的观念与实践早在春秋战国时代已经普遍盛行。在秦汉以后的经济活动中，契约制度一直绵延不绝，这里不再赘述。就政治层面来看，在中国古史的传说时代，在尧与舜之间、舜与禹之间分别实行的禅让，可以解读

① 徐正英、常佩雨译注:《周礼》，中华书局 2014 年版，第 54 页。

② 许富宏撰:《慎子集校集注》，中华书局 2013 年版，第 18 页。

③ 方勇、李波译注:《荀子》，中华书局 2015 年版，第 190 页。

为有关权力转让的政治协议——正如《论语》所记载：“尧曰：‘咨！尔舜！天之历数在尔躬，允执其中。四海困穷，天禄永终。’舜亦以命禹。”[①]孟子还曾告诉齐宣王：“左右皆曰贤，未可也；诸大夫皆曰贤，未可也；国人皆曰贤，然后察之；见贤焉，然后用之。左右皆曰不可，勿听；诸大夫皆曰不可，勿听；国人皆曰不可，然后察之；见不可焉，然后去之。左右皆曰可杀，勿听；诸大夫皆曰可杀，勿听；国人皆曰可杀，然后察之；见可杀焉，然后杀之。故曰，国人杀之也。如此，然后可以为民父母。”[②]孟子在此提出的“国人皆曰”优于“左右皆曰”，显然也隐含了尊重民意、顺从民意的要求。在《论语》《孟子》这样一些经典之外，政治活动中具有契约意义的行为同样普遍存在，譬如，历代君主极为看重的祭天、封禅之类的政治仪式，其实也可以理解为天道与皇权之间的一种沟通与约定。诸如此类的理论及其实践，在表达方式上虽然不同于近代西方流行的社会契约理论，但是，它们构成了一种中国式的契约文化，为马克思的自由个性理论提供了本土化的支持。

着眼于当代社会，有利于克服“人的依赖性”、有助于促

① 杨伯峻译注：《论语译注》，中华书局2012年版，第289页。
② 杨伯峻译注：《孟子译注》，中华书局2012年版，第42页。

进自由个性的契约制度，大致可以从两个方面来考察。一方面是经济契约制度。数十年间，中国的经济契约制度经历了一个较大的变迁，已经较为明显地改进了自由个性的制度环境。特别是，国家权力较多地退出了经济领域，契约自由的原则得到了更有效的实践。诸多不断演进的经济契约制度，为自由个性的生长提供了更多的可能性。另一方面是政治契约制度。如果说在传统中国，政治契约主要体现为象征性的“尧与舜”或“舜与禹”之间的权力转让协议，或孟子所说的“国人皆曰”，那么近百年来，这种状况也出现了一些根本性的改变。一个明显的标志是新型宪法制度的建立与完善，使中国的政治逐渐演变成为一种新型的契约政治。因为现代宪法，其实就是政治契约法。宪法本身就是一个政治共同体最高的政治契约。通过宪法制度，政治的正当性与合法性获得了一个契约性的基础。从形式上看，现代宪法都是一个国家的全体公民通过他们的政治代言人制定出来的，这样的立宪过程意味着，宪法是全体公民的一个约定，是全国所有公民自由表达个体意志的一个结果，或者更准确地说，是全国所有公民个体意志之间协商一致的结果。国家权力或政治权力，就是从宪法这一政治契约法中产生出来的。在当代中国，依照宪法建立起来的人民代表大会制度、多党合作与政治协商制度、民族区域自治制度以及基层民主制度，等等，都是宪法制度的实践形态。这样一些具有契约意义的政治制度，从根本上看，都有助于促成自由个性的实现。

三

自由个性的实现不但要挣脱“人的依赖性”，还必须通过相应的制度安排，有效地克服“物的依赖性”。

“物的依赖性”是资本主义社会的一个基本特征，但是，它同时也是社会主义实践过程中面临的一个新问题、一个不容回避的客观现象。“物的依赖性”的本质，是人对商品与物质财富的依赖，或者反过来说，是商品与物质财富对人的支配。在这样的关系中，人被物化，人成了物化的人。

物化是马克思主义理论体系中的一个重要概念，是对“物的依赖性”的另一种表达，也是马克思自由个性理论的一个重要支点。同样是在《1857—1858年经济学手稿》这篇作为后来的《资本论》的草稿中，马克思专门论及“货币转化为资本”，并认为：“社会关系，个人和个人彼此之间的一定关系，表现为一种金属，一种矿石，一种处在个人之外的、本身可以在自然界中找到的纯物体，在这种物体上，形式规定和物体的自然存在再也区分不开了。金银本身不是货币，自然界并不出产货币，正如自然界并不出产汇率或银行家一样。”① 马克思在此强调的“矿石”“金属”“纯物体”，其实是关于“物化”或“物的依赖性”的一个本喻：“物化”之“物”，首先是作为一种矿石的金属，那是自然之物。至于金钱、货币，其实经历了一个从矿石、金属到钱币、货币的转化过程，或者简而言之，有一个从“金”到“钱”，从“货”到“币”的转化过程。

货币是商品的价值尺度和流通手段，因此，人的物化，既可以理解为人的货币化，也可以理解为人的商品化，还可以理解为“商品拜物教”的产物。在《资本论》中，马克思在“商品的拜物教性质及其秘密”这一标题下写道：“商品形式的奥秘不过在于：商品形式在人们面前把人们本身劳动的社会性质反映成劳动产品本身的物的性质，反映成这些物的天然的社会属性，从而把生产者同总劳动的社会关系反映成存在于生产者之外的物与物之间的社会关系。由于这种转换，劳动产品成了商品，成了可感觉而又超感觉的物或社会的物。”② 劳动产品转换成为商品，亦即“使用物品成为商品，只是因为它们是彼此

① 《马克思恩格斯全集》第四十六卷上册，人民出版社 1979 年版，第 190 页。
② 《马克思恩格斯文集》第五卷，人民出版社 2009 年版，第 89 页。

独立进行的私人劳动的产品。这种私人劳动的总和形成社会总劳动。因为生产者只有通过交换他们的劳动产品才发生社会接触，所以他们的私人劳动的独特的社会性质也只有在这种交换中才表现出来。换句话说，私人劳动在事实上证实为社会总劳动的一部分，只是由于交换使劳动产品之间，从而使生产者之间发生了关系。因此，在生产者面前，他们的私人劳动的社会关系就表现为现在这个样子，就是说，不是表现为人们在自己劳动中的直接的社会关系，而是表现为人们之间的物的关系和物之间的社会关系"。然而，"劳动产品一旦作为商品来生产，就带上拜物教性质，因此拜物教是同商品生产分不开的。"[①]

拜物教与商品分不开，这就是说，拜物教其实就是商品拜物教。商品拜物教的实质，就是人对物的依赖性，就是人的物化。人的物化就是使人成为病态的、扭曲的人，而不再是健全的人。因此，商品拜物教主要涉及人与物的关系：在人与物之间，人相对贬值，物相对增值。不仅如此，人的物化或"物的依赖性"还以片面追求物质财富为代价，牺牲了人的全面发展，导致了人的意义的全面跌落。人的"意义跌落"状态就是人的"失重"状态——这就好比水里的轮船失去了压舱石。

① 《马克思恩格斯文集》第五卷，人民出版社2009年版，第90页。

“物的依赖性”就像一张硕大的网，笼罩着资本主义社会的所有人，即便是资本家也不能例外，而且，资本家较之于其他人，更为突出地依赖于物，是人的物化的标本，就像马克思在《资本论》中所言：“资本家只有作为人格化的资本，他才有历史的价值，才有像聪明的利希诺夫斯基所说的‘没有任何日期’的历史存在权。也只有这样，他本身的暂时必然性才包含在资本主义生产方式的暂时必然性中。但既然这样，他的动机也就不是使用价值和享受，而是交换价值和交换价值的增殖了。作为价值增殖的狂热追求者，他肆无忌惮地迫使人类去为生产而生产，从而去发展社会生产力，去创造生产的物质条件；而只有这样的条件，才能为一个更高级的、以每一个个人的全面而自由的发展为基本原则的社会形式建立现实基础。只有作为资本的人格化，资本家才受到尊敬。作为资本的人格化，他同货币贮藏者一样，具有绝对的致富欲。但是，在货币贮藏者那里表现为个人的狂热的事情，在资本家那里却表现为社会机制的作用，而资本家不过是这个社会机制的主动轮罢了。”概而言之，“资本家的一切行动只是那个通过他才有了意志和意识的资本的职能。”[①] 资本家就是资本的人格化，就是人

① 《马克思恩格斯文集》第五卷，人民出版社 2009 年版，第 683 页。

的物化。这种现象是资本主义时代“物的依赖性”的生动体现、直观体现、集中体现。

在马克思主义的理论谱系中，对于马克思的“物的依赖性”概念，卢卡奇在新的历史条件下做出了新的阐释。卢卡奇着眼于商品的可计算的性质，进而指出：“在物化的意识看来，这种可计算性形式必然成为这种商品性质真正直接性的表现形式，这种商品性质——作为物化的意识——也根本不力求超出这种形式之外；相反，它力求通过‘科学地加强’这里可理解的规律性来坚持这种表现形式，并使之永恒化。正像资本主义制度不断地在更高的阶段上从经济方面生产和再生产自身一样，在资本主义发展过程中，物化结构越来越深入地、注定地、决定性地沉浸入人的意识里。”[①] 卢卡奇在此所说的物化结构就是物的依赖性。

那么，能否克服资本主义社会越陷越深的物化结构？怎样克服这种物化结构？卢卡奇认为，要克服资本主义社会盛行的“物的依赖性”，只能寄希望于无产阶级。卢卡奇说：“面对在思想、组织等等方面都占优势的资产阶级，无产阶级的优势

① [匈]卢卡奇：《历史与阶级意识——关于马克思主义辩证法的研究》，杜章智、任立、燕宏远译，商务印书馆1996年版，第156页。

仅仅在于，它有能力从核心出发来观察社会，并把它看作是正确联系着的整体，并因而能从核心上，从改变现实上来采取行动；就在于对它的阶级意识来说，理论与实践是互相吻合的；就在于它因此能自觉地把自己的行动作为决定性的因素投放到历史发展的天平上去。”[①] 由此看来，无产阶级的优势主要包括两个要点：一是阶级意识。如果稍作延伸，无产阶级的阶级意识其实就是无产阶级作为先锋队的意识。二是自觉的行动。无产阶级采取的自觉行动能够改变现实——能够改变“物的依赖性”这一严酷的现实。

从马克思直至卢卡奇的物化理论，主要是在资本主义条件下对“物的依赖性”的揭示。由于历史惯性以及其他方面的原因，在社会主义的社会背景下，“物的依赖性”并没有得到根除。正是残留的“物的依赖性”，催生了今日社会各种各样的拜金主义、过分膨胀的利己主义。显然，这是一种值得警惕的倾向。

为了应对这种倾向，为了促进自由个性的实现，有必要对“物的依赖性”进行制度化的遏制。有必要通过相应的制度安

① ［匈］卢卡奇：《历史与阶级意识——关于马克思主义辩证法的研究》，杜章智、任立、燕宏远译，商务印书馆1996年版，第127—128页。

排，进一步张扬人的主体地位，使人有可能挣脱“商品拜物教”的束缚，进而克服对物的过分依赖。一方面，应当坚持人的自由而全面发展之理念，以此为基础，完善尊重人的主体地位的制度体系。着眼于人的自由发展，有必要从制度上更多地拓展人的自主选择空间。着眼于人的全面发展，有必要把人的精神生活、文化生活、人格尊严、人身自由，等等，都作为发展的目标；使人身与人心的关系、人类与自然的关系、个体与群体的关系、当代与后代的关系，都达至某种平衡与和谐的状态。只有追求人的自由而全面发展的制度体系，才可能让人在一定程度上走出“人为物役”的不自由处境。另一方面，应当借助奖励性的制度安排，激励公众尊重他人，促成以人为本的社会风尚。在现实生活中，每个人作为理性的人，较多地关注自己的物质利益，也许是一种常态，也许是正常生活的表征。但是，关注物质利益、承认物质利益与马克思批判的“商品拜物教”“物的依赖性”之间毕竟存在着本质的差异，其间的差异就仿佛朱子关于天理与人欲的分辨：“饮食者，天理也；要求美味，人欲也。”[①] 必须正视这样的差异，在维护“天理”的前提

① （宋）朱熹：《朱子全书》第十四册，上海古籍出版社、安徽教育出版社 2002 年版，第 389 页。

下，遏制泛滥成灾的“人欲”，亦即“物的依赖性”。

四

马克思在19世纪下半叶提出的自由个性概念，是对前资本主义社会中“人的依赖性”的批判，但主要针对的是自由资本主义社会中存在的一种社会现实：物对人的奴役与支配。迁延至20世纪，从30年代直至70年代，在法兰克福学派两三代学者的笔下，马克思揭示的“物的依赖性”之弊害再次得到凸显。从早期的霍克海默到中期的波洛克，再到后来的阿多诺、马尔库塞，都以不同的方式批判20世纪的“物的依赖性”，从而在马克思之后，形成了一种影响深远的社会批判理论。

这里且以马尔库塞为例，对法兰克福学派的社会批判理论略加讨论。针对“单向度”的发达工业社会，马尔库塞指出：“生产机构及其所生产的商品和服务设施‘出售’或强加给人们的是整个社会制度。公共运输和通讯工具，衣、食、住的各种商品，令人着迷的新闻娱乐产品，这一切带来了固定的态度和习惯，以及使消费者比较愉快地与生产者、进而与社会整体相联结的思想和情绪上的反应。在这一过程中，产品起着思想灌输和操纵的作用；它们引起一种虚假的而又免除谬误的意识。然而，由于更多的社会阶级中的更多的个人能够得到这些给人以好处的产品，因而它们所进行的思想灌输便不再是宣传，而变成了一种生活方式。这是一种好的生活方式，一种比以前好得多的生活方式；但作为一种好的生活方式，它阻碍着变的变化。由此便出现了一种单向度的思想和行为模式，在这一模式中，凡是其内容超越了既定的语话和行为领域的观念、愿望和目标，不是受到排斥就是退化到这一领域。”[①] 马尔库塞在此批判的“单向度的思想和行为模式”，其实就是“物的依赖性”或“商品拜物教”。这种“单向度”的人是物化的人、病态的人，他们生活的现代资本主义社会也是病态的社会。

在批判资本主义意识形态的同时，马尔库塞特别凸显了马克思的理论模式，他认为，对资本主义的批判，“《共产党宣言》是一个经典例子。其中有两个关键术语，资产阶级和无产阶级，二者都‘支配’着一些对立的谓语，‘资产阶级’是技术进步、自由、征服自然和创造社会财富的主体，也是滥用和毁灭这些成就的主体。同样，‘无产阶级’既象征全面压迫，

① ［美］马尔库塞：《单向度的人：发达工业社会意识形态研究》，刘继译，上海译文出版社 2014 年版，第 11—12 页。

又象征压迫的全面失败。”[1] 马尔库塞及其前驱霍克海默还有阿多诺等人所代表的法兰克福学派的批判理论，再一次证明了马克思自由个性概念的思想意义与理论价值。孕育于《共产党宣言》的自由个性概念既具有否定与批判的意义，即批判资本主义社会盛行的“物的依赖性”或马尔库塞所说的“单向度的思想和行为模式”，同时更具有正面建构的价值，亦即建构一个理想的自由个性社会的可能性。

21世纪的中国社会既不同于19世纪的西方资本主义社会，也与法兰克福学派所面对的现代资本主义社会存在着天壤之别，但是，马克思揭示的“物的依赖性”，以及法兰克福学派的理论家所描述的“单向度的人”，却早已在社会主义的现实生活中露出端倪。这种“物的依赖性”与中国社会流传了数千年的“人的依赖性”结合在一起，阻碍了自由个性的发展，推迟了自由个性社会降临的时间表。在这样的语境下，有必要着眼于当代中国的社会现实，以自由个性作为当代中国制度选择的基本价值。同时，更需要将马克思的自由个性概念进行制度化的表达，通过积极的制度建构，为实现自由个性奠定坚实的

① ［美］马尔库塞：《单向度的人：发达工业社会意识形态研究》，刘继译，上海译文出版社2014年版，第85—86页。

制度基础。通过自觉的努力，有可能促使人类社会从“人的依赖性”与“物的依赖性”之双重束缚中解脱出来，实现自由个性的憧憬。

原文以《自由个性的制度表达》为题，
载《探索》2005 年第 2 期，
修订后作为“附录一”收入本书。

附录二
自由个性与君主立宪

一

君主立宪，无论是作为一种思想、观念还是作为一种政治制度、宪法制度，都是19世纪下半叶从西方传到中国来的。值得我们省思的是，一百多年来，中国思想界对于君主立宪的评价，前后发生了一个根本性的转向。19世纪末期，“睁眼看世界”的思想家们对于英国式的君主立宪制度倾慕有加，甚至把它视为中国政治革新的蓝图。在一些启蒙思想家看来，只要采用了君主立宪政体，就可以实现富国强兵，就可以挽救民族危亡。持这种观点的主要代表人物是梁启超，他在1899年写成的《各国宪法异同论》一文中，就把“宪政”概念理解为

“立宪君主国政体”的简称，并认为，英国作为君主立宪政体的始祖，经过几百年的演进，已经“成完全无缺之宪政焉”。[①] 建立英国式的君主立宪政体，既是梁启超那一代知识分子宣传鼓吹的纸上蓝图，其实也是清末政治改革试图追求的一个现实目标。然而，中国思想界对于君主立宪的热情并没有持续太久。因为自从辛亥革命之后，中国的主流思想就抛弃了“君主”，只保留了“立宪”。从辛亥革命直至今日，一百多年来，在很多人的思想观念里，英国式的君主立宪基本上都是保守、落后的代名词，是“革命不彻底”的象征；作为一种令人遗憾的旧制度，君主立宪根本就没有效仿的价值。譬如，有一本影响较大的教科书就这样写道：“英国具有长期的封建社会历史，其法律制度中具有较多的封建因素；由于资产阶级革命很不彻底，许多封建的法律制度和原则被保留下来。”[②] 显然，君主立宪中的“君主”就属于那些“被保留下来”的封建制度和封建原则之一。

经过辛亥革命，中华民族舍弃了君主立宪，最终走上了一条民主共和的政治道路。这样的历史选择，当然是多种因素交

---

① 梁启超：《梁启超全集》，北京出版社 1999 年版，第 318 页。

② 由嵘主编：《外国法制史》，北京大学出版社 1992 年版，第 493 页。

错作用的产物。但是，有一个至关重要的原因却可以在此指出，那就是，沿袭了数千年的君主制度已经被视为中国专制制度的根源。[①] 正是由“君主”和“专制”结合起来的“君主专制”制度，导致了中国的积贫积弱、“落后挨打”乃至“天崩地裂”式的危机。因此，如果要实现富国强兵的现实目标，就必须废除君主制度。譬如，邹容在《革命军》一书中就提出，只有通过革命，“杀尽专制我之君主”，才能“复我天赋之人权”，才能“立于性天智日之下，以与我同胞熙熙攘攘，游幸于平等自由城郭之中”。[②] 换言之，只有弃君主，才能得自由、平等、人权。然而，在 19 世纪末、20 世纪初，无论是追求“天赋之人权”还是走向“平等自由”，最现实、最迫切的目标还是在于“师夷长技”，以扭转中华民族在东西方文明冲突中所处的劣势地位。因此，辛亥革命之后的中国主流思想激烈地反对君主制，同时也反对君主立宪制，最基本的动因，如果用当代流行的话语来说，就是为了实现中华民族的伟大复兴。在那个时代的先进分子看来，如果不废除君主制，似乎就不能实现这个

① 关于“专制”概念的理解与应用，目前存在着较大的讨论空间。可以参见，喻中：《法家的现代性》，法律出版社 2018 年版，第 31—38 页。这里不再展开论述。

② 邹容：《革命军》，中华书局 1958 年版，第 24 页。

宏伟的目标。

然而吊诡的是，始终坚持君主立宪的英国和日本，在近代以来的世界格局中，却长期处于相对强盛的地位。从历史上看，这两个国家与中国一样，君主盘踞的时间都相当长。但是，这两个国家保留至今的君主立宪制度，并没有妨碍它们对富强的有效追求。与英、日的长期强盛形成鲜明对照的是，一些彻底取消了君主、选择了共和的第三世界国家，在国际竞争的舞台上，似乎并没有获得什么特别而明显的优势。单从这个角度上看，君主立宪政体对国家富强、经济繁荣、政治民主等方面的影响到底是正面的还是负面的，也许还是一个有待重新思考的问题。虽然早在20世纪初期，中国就发生了一场君主立宪与民主共和这两种政治主张之间的争论，但现在看来，特别是从世界范围来看，这两种政体之间的是非、得失，恐怕还值得做出更进一步的比较研究。

要对君主立宪与民主共和这两种并行的政体做出比较研究，一个重要的前提条件，就是要深化对这两种政治体制的认识和理解。在当代中国的思想学术界，研究民主共和的文献称得上汗牛充栋，但关于君主立宪的研究则受到了学术界的冷落。这种“冷”的结果，既可能遮蔽君主立宪的本来面目，同时也使民主共和的研究过程失去了一个极其有价值的参照物。

正是在这个意义上，有必要对君主立宪的问题做出新的研究。

要进一步深化关于君主立宪的理解，就有必要跳出传统的“保守与激进”“进步与落后”甚至“正确与错误”这种非此即彼的思维定式，就有必要引入新的观察视角和分析工具，以揭示君主立宪所蕴涵的、尚不为人所注意的理论意义。在研究的过程中，我找到的一个分析工具就是马克思的自由个性理论。期望通过马克思的自由个性这个特定的视角，重新解读君主立宪的意涵。同时，也希望把自由个性——这样一个马克思主义哲学的重要范畴——与具体的政制安排有机地链接起来，更好地探索自由个性的制度表达方式。[①]

二

马克思自由个性理论的一个立足点，就是人必须挣脱对他人的依赖关系，即告别“人的依赖性”。在马克思看来，“人的依赖性”主要存在于前资本主义社会，即原始社会、奴隶社会和封建社会。到了资本主义社会，“人的依赖性”大体上已经解脱，然而又立即陷入了“物的依赖性”的泥淖之中。

① 喻中:《自由个性的制度表达》，载《探索》2005 年第 2 期。

按照自由个性理论的经典表述，在资本主义社会不应当出现“人的依赖性”。但是，资本主义社会的君主立宪恰恰就体现了“人的依赖性”。因为，君主立宪政体的本质，就是社会公众对于君主个人还存在着一定的依赖关系，至少有一种心理上、精神上、情感上的依赖关系。换言之，君主立宪国家的社会公众，虽然生活在资本主义社会，甚至是发达的资本主义社会，但是，他们并没有彻底走出“人的依赖性”这种前资本主义社会的不自由状态。

且看英国的君主立宪。按照美国学者戈登的看法，“联合王国”这个术语就已经暗示了英国在形式上是君主制，它的政府官员被官方公开地描述为“王权”的代理人；“联合王国”新法规的制定与颁布在形式上仍要征得君主的同意——虽然3个世纪以来，君主从未行使这项否决权；英国君主通过与首相的私人接触，在幕后影响政治的能力直至今日也不容忽视；英国王室成员的行为和意见总是大众媒体的头版头条，而且他们中的任何人都能对某些事件发表评论，这些评论又可能引发广泛的辩论从而影响到政府的公共政策。[①] 在英国议会中，不仅

① ［美］戈登：《控制国家：西方宪政的历史》，应奇等译，江苏人民出版社2001年版，第329页。

执政党是英王陛下的执政党，反对党也是英国陛下的反对党。除了英国，现在的日本也是实行君主立宪的典型国家。在第二次世界大战结束之际，已经准备投降的日本政府向盟军提出的一个主要条件就是保留他们的天皇，[①] 日本民族对君主的依赖关系由此可见一斑。此外，在东南亚、中东及其他地区，仍有一些国家继续保留他们的君主。这种现象足以说明，君主作为一个特定的自然人、一种政治身份、一个政治符号，依然在满足所在国家的政治需要、文化需要、社会需要。某些国家的民众对君主（哪怕是象征性的君主）的自觉尊崇，意味着这些国家的民众对君主这个人仍然保存着一种浓厚的“依赖情结”。

当然，立宪政体之下的君主不同于传统的所谓专制政体之下的君主。因此，资本主义社会中社会公众对君主的依赖关系，也不同于封建社会、奴隶社会中的人对君主的依赖关系。这两种依赖关系的差异可以分别从文化与政治这两个方面来观察。

---

① 1945年8月10日，日本发出的乞降照会称：虽然愿意接受《波茨坦公告》，但“并不包括任何有损天皇陛下作为最高统治者的权力的要求。日本政府竭诚希望这一谅解获得保证，并切望迅速得到对此的明确表示”。详见世界知识社编辑：《反法西斯战争文献》，世界知识社1955年版，第317页。

一方面，在君主立宪政体下，社会公众对君主的依赖主要偏重于文化、心理、情感，象征性的君主成了民族文化、民族精神、民族情感的一个符号，君主享有的尊崇地位体现了社会公众对民族文化传统的尊重。社会公众在心理上、情感上依赖君主的同时，可以有效地找到一种归属感：我属于这个民族，我属于这个国家，我属于这个政治共同体，我置身于这种独特的文化传统中。但是，在前资本主义社会，人们对君主的依赖除了文化与心理方面，还有物质方面，甚至包括所有的生产资料、生活资料。在传统中国，倘若恪守“溥天之下，莫非王土；率土之滨，莫非王臣”[①]的原则，那么，“无君无父”的人不仅找不到心理上的归属感，而且从理论上说，甚至无法生存下去，因为天下都归属于君主，一个无君之人根本就找不到立足之地。孟子说：“杨氏为我，是无君也；墨氏兼爱，是无父也。无父无君，是禽兽也。”[②]宣扬“无君无父”的杨朱、墨翟已经沦落为“禽兽”，这就是说，他们已经被孟子从“人的世界”里驱逐出去。至于饿死在首阳山上的伯夷、叔齐，则为前资本主义社会中人对君主的物质上的依赖关系提供了一个经典性

① 王秀梅译注:《诗经》，中华书局 2015 年版，第 488 页。
② 杨伯峻译注:《孟子译注》，中华书局 2012 年版，第 165 页。

的隐喻。[1]

另一方面，在君主立宪政体之下，社会公众对君主的心理上、精神上、情感上的依赖关系，有助于实现国家统一、民族团结、政治稳定。譬如，在英国这样的国家里，君主仅仅是名义上的国家元首。在政治上，君主超越各种党派之间的纷争，以相对超然的政治形象参加一些荣誉性的庆典，主持若干礼仪性的活动。这样的君主在满足社会公众归属感的同时，还可以为现实政治提供更多的民意基础，这就有效地增加了现实政治的合法性与正当性。不仅如此，由于各种政治势力名义上都要效忠于君主，这就使君主成了寻求政治共识、实现政治整合的重要力量。这对于促成政治对话、缓解政治冲突将会产生积极的意义。然而，在前资本主义社会，人们对君主的全面依赖关

① 《史记·伯夷列传》记载："伯夷、叔齐，孤竹君之二子也。父欲立叔齐，及父卒，叔齐让伯夷。伯夷曰：'父命也。'遂逃去。叔齐亦不肯立而逃之。国人立其中子。于是伯夷、叔齐闻西伯昌善养老，盍往归焉。及至，西伯卒，武王载木主，号为文王，东伐纣。伯夷、叔齐叩马而谏曰：'父死不葬，爰及干戈，可谓孝乎？以臣弑君，可谓仁乎？'左右欲兵之。太公曰：'此义人也。'扶而去之。武王已平殷乱，天下宗周，而伯夷、叔齐耻之，义不食周粟，隐于首阳山，采薇而食之。及饿且死，作歌。其辞曰：'登彼西山兮，采其薇矣。以暴易暴兮，不知其非矣。神农、虞、夏忽焉没兮，我安适归矣？于嗟徂兮，命之衰矣！'遂饿死于首阳山。"（汉）司马迁：《史记》，中华书局 2006 年版，第 390 页。

系则会导致完全不同的政治后果：一人压倒全体。在政治共同体内，没有平等的政治对话与政治交涉的空间；在极端的情况下，除了君主的利益与愿望，其他人的利益与愿望都缺少正式的表达机制，更没有正式的保障制度。等到日甚一日的社会政治矛盾积累到无法化解的程度，民众的激烈抗争就会以革命这种极端的方式爆发出来。这种历史现象，早在20世纪40年代，黄炎培就称之为“治乱循环的历史周期率”。他说：“我生六十多年，耳闻的不说，所亲眼见到的，真所谓‘其兴也浡焉’，‘其亡也忽焉’，一人，一家，一团体，一地方，乃至一国，不少单位都没有能跳出这周期率的支配力。”[1] 这样的历史周期率，是人对君主的全面依赖关系的产物。

以上两个方面表明，在实行君主立宪的资本主义国家，同样存在着“人的依赖性”，即民众对君主的依赖关系，只是，这种依赖关系已经不同于前资本主义社会中的“人的依赖性”。这就使民众对立宪君主的依赖不仅具有了新的内涵，而且还可以做出新的评价。

按照马克思的设想，“人的依赖性”仅仅存在于前资本主义社会，是实现自由个性的历史进程中必须首先予以铲除的第

① 黄炎培：《八十年来》，文史资料出版社1982年版，第148页。

一块绊脚石；作为自由个性的第一个敌人，“人的依赖性”几乎没有任何正面的意义，更不应当给予哪怕是一丝一毫的肯定。然而，在君主立宪政体中，当“人的依赖性”以“人对君主的心理依赖”的方式呈现出来的时候，这种“人的依赖性”的意义就发生了一个微妙的变化：它满足了社会公众心理上的需要和精神上的寄托；它维护了国家政治的稳定和政党政治的协调；它促进了民族关系的团结和民族文化的传承。

三

透过君主立宪政体，可以看到，即使是在资本主义社会中，也没有彻底摆脱马克思所说的“人的依赖性”。而且，从当前的世界范围来看，君主立宪作为一种政治体制，在短期内还没有彻底消亡的迹象与趋势。这就意味着，“人的依赖性”借助于君主立宪这个载体，还将存续一个相当长的历史时间。在这样的现实面前，一个问题由此而产生：如何理解君主立宪与自由个性的关系？或者更具体地说，君主立宪政体对于自由个性的实现，是否会产生某些积极的影响？它的消极作用又是什么？特别是，这种“人的依赖性”是否会与资本主义社会所固有的“物的依赖性”相伴生？以及，这种“人的依赖性”是否会在人类追求自由个性的进程中长期存在？

大致说来，君主立宪与自由个性的关系可以从两个层面来分析。在理念或抽象的层面上，君主立宪阻碍了自由个性的实现。因为，在君主立宪制度下，社会公众对君主这个特定的“人”，依然保留着精神上的依赖关系。这就是说，社会公众尽管在物质条件、社会交往诸方面摆脱了对君主的依赖，但他们在精神上和心理上并没有获得真正的独立和自由，并没有在“身”与“心”这两个方面同时达到自由个性的境界。按照马克思自由个性理论的一般原理，在人类迈向自由个性社会的路途中，君主立宪作为一种具体的制度，最终必将接受被淘汰的命运，这是马克思主义经典作家已经揭示的历史必然。

但是，如果着眼于制度或技术的层面，着眼于自由个性的制度表达与技术建构，君主立宪又有它的积极意义。在某些国家，君主立宪甚至是通向自由个性社会的一座桥梁。桥梁当然不是目标，更不是终点，但桥梁是走向终点、达致目标的必由之路。从这个意义上讲，君主立宪对于自由个性的最终实现又将起到一定的促进作用。

一方面，君主立宪制度的确立，意味着“君权神授”的传统遭到了彻底的否定。君主依然保留的某些象征性的权力（譬如荣典权）来自宪法与法律的授予，而宪法和法律又是公众意志的集中体现。这就是说，虽然君主的存在是一个事实，但君主本身又是宪法与法律塑造出来的，而且从根本上讲，也是社会公众的共同意志的产物。换言之，君主并不是公众意志的渊源，恰恰相反，君主本身的存在倒是渊源于社会公众的意志。当社会公众从精神上、心理上、情感上依赖君主的同时，君主又从法律上、制度上反过来依赖社会公众。这种“依赖关系的相互性”表明，在君主与社会公众之间，已经建立了某种对话和沟通的机制：由社会公众的意志凝聚而成的法律，为君主本身的存在提供了合法性依据；但是，君主的存在也满足了社会公众群体生活的需要，因为，君主作为社会公众精神依赖的对象的存在，有助于促使原子式的个体组成一个文化、精神以及情感的共同体。只有通过这样的共同体，才可能给自由个性社会的实现提供一个真实的、现实的基础。马克思设想的自由个性毕竟不可能生长在鲁滨逊独自生活的孤岛上，而必须根植于人类的共同生活。

另一方面，君主立宪的实质是严格限制恣意的君权，积极地伸张人权，并通过法律制度不断地确认、扩张人的权利与自由，从而为人的自由而全面的发展提供比较广阔的制度空间。所以，依照辩证法和历史唯物主义的观点，君主立宪作为一种制度安排，在摆脱“人的依赖性”的进程中，已经迈出了实质性的一步。从实践中看，在君主立宪政体之下，社会公众的政治自由、经济权利、社会权利与文化权利都得到了一定的保障。在君主立宪政体的实践过程中，君主的存在并没有对每个人自由而全面的发展构成新的、有形的、制度性的阻碍。

虽然君主立宪政体为自由个性的发展提供了某些适宜的社会环境、形成了某些有效的制度支撑，但与此同时，它也为自由个性的发展带来了某些消极的影响。譬如，君主立宪政体总是以它自己的理解定义了自由个性的内容；总是以它自己偏爱的方式在规定着自由个性的发展模式的同时，也限制着自由个性发展的其他模式。换言之，君主立宪制度下的人的权利与自由，仅仅是君主立宪政体所认可的某些权利和某些自由，只能反映这个制度的设计者、操作者的视野与眼界，不可能全方位地满足每个人自由而全面发展的一切条件。更重要的是，由于君主的存在，由于人们对君主的精神上的依赖性，这对每个人在精神世界中的追求，特别是在精神领域内的自由而全面的发展，必然也会产生某些限制，甚至会给人们的精神世界造成某些消极的影响。从这个角度上看，在资本主义社会的君主立宪制度之下，人们可能会同时面临着两个方面的依赖性：他们在精神领域内依赖君主，体现了他们对“人的依赖性”；他们在现实的社会生活中依赖于各种各样的商品与物质财富，体现了他们对“物的依赖性”。

不过，在具体而现实的人类生活中，这两种并存的依赖关系也许具有一定的恒常性，甚至可能伴随人类追求自由个性的始终。这就是说，在追求自由个性的进程中，“人的依赖性”只能在一定程度上被克服，而不大可能被彻底根除。如果说，在前资本主义社会，“人的依赖性”既包括精神性的依赖，也包括现实性的依赖，那么，在资本主义社会，“人的依赖性”将主要以精神上的依赖关系表现出来。在君主立宪制国家，君主充当了人们精神依赖的对象。在一些民主共和制国家，虽然没有君主，但是宗教提供的上帝已经充当了一个人格化的君主的角色，它使人们在信奉上帝的同时，找到了精神皈依的对象。在传统中国，血缘关系是社会关系的基础，于是诞生了对祖宗的依赖性。在当代中国，特别是在民间社会，又存在着民众对于各种鬼神的心理依赖。在西方，自从尼采宣告“上帝死了”之后，似乎为人们挣脱对上帝的精神依赖提供了条件，然而，西方人并没有因此而踏上一条自由而全面发展的坦途，反而陷入了一场巨大的精神危机之中。存在主义哲学、荒诞派艺术，等等，可以说都是这场危机在哲学、艺术层面上的真实写照。这些现象提醒我们，无论是对君主的精神依赖、对上帝的精神依赖，还是对其他人格化的对象的精神依赖，概而言之，以精神依赖的形式表现出来的“人的依赖性”，不可能随着前资本主义社会的消亡而消亡，它的长期性、复杂性应当在自由个性理论中得到更加谨慎的对待。

四

从现象上看，君主立宪制度主要存在于少数国家，但从本质上看，特别是从“人的依赖性”这个角度来看，君主立宪的精神又具有一定的普遍性。在某些国家，尽管选择了民主共和政体，走上了一条与君主立宪政体完全不同的政治道路，但是，在这些国家中，同样没有能够有效地消除“人的依赖性”。在君主立宪政体下，社会公众对君主的精神上的依赖，变成了一些民主共和政体中社会公众对个人魅力型领袖的精神上的依赖。

马克斯·韦伯关于统治或支配有一个著名的分类理论：“1. 理性的基础——确信法令、规章必须合于法律，以及行使支配者在这些法律规定之下有发号施令之权利（法制型支配，legale Herrschaft）。2. 传统的基础——确信渊源悠久的传统之神圣性，及根据传统行使支配者的正当性（传统型支配，traditionale Herrschaft）。3. 卡理斯玛（charisma）的基础——

对个人及他所启示或制定的道德规范或社会秩序之超凡、神圣性、英雄气概或非凡性质的献身和效忠（卡理斯玛支配，charismatische Herrschaft）。”[①] 在这种分类理论中，魅力型（卡理斯玛型）的统治者或支配者就充当了社会公众精神依赖的对象。在 20 世纪的政治实践中，我们已经看到，民主共和政体与个人魅力型领袖的统治在一些国家并行不悖。譬如，苏联就是这样，它既有宪法确认的民主共和制度，又有极具个人魅力的政治领袖。在这样的国家，虽然不存在受宪法约束的名义上的君主，但是，社会公众对领袖的依赖关系，丝毫也不逊于君主立宪制国家的情形。这种现象说明，即使是在民主共和制国家中，也存在着马克思所说的“人的依赖性”。因此，从具体制度和技术的层面来看，民主共和制国家同样需要不断地完善相关政制，通过克服“人的依赖性”，为自由个性的发展提供制度上的支持。

如果超越君主立宪与民主共和这两种具体的制度安排，仅仅从人类社会发展的一般规律着眼，我们将会发现，“人的依赖性”存在着两种形态：全面的依赖性与精神的依赖性。在前

---

① ［德］马克斯·韦伯：《经济与历史　支配的类型》，康乐等译，广西师范大学出版社 2010 年版，第 297 页。

资本主义社会中，氏族成员对血族群体、奴隶对奴隶主、农奴对封建领主的依赖是全面的，前者在身与心两个方面都不能摆脱对后者的依赖关系，都必须依附于后者。在自由个性理论中，马克思概括的“人的依赖性”实际上就是指这种状况。但是，当历史演进到资本主义社会以后，人对人的全面的依赖关系确实得到了克服。但是，人对人的精神上的依赖关系依然或隐或显地存在着。无论是君主立宪政体还是民主共和政体，都难以彻底消除这种精神上的依赖关系。从历史变迁的角度上看，资本主义时代继续存在的这种精神上的依赖性，又是前资本主义时代遗留下来的，它具有历史遗留物的性质。

作为一种历史现象和文化现象，人对人的精神上的依赖关系正好可以烛照出人的两种属性：世俗性和精神性。如果说前者是指人类生活的此岸世界，那么后者就是指人类生活的彼岸世界。在此岸的现实世界中，在资本主义社会，人们通过《大宪章》《人身保护法》《人权宣言》《权利法案》之类的制度安排，可以逐渐摆脱对他人的物质上的依赖关系。但是，在彼岸世界中，即使到了资本主义时代甚至后资本主义时代，人对人的精神上的依赖关系也将长期存在。因为，人们在精神上依赖的对象，无论是现实的君主还是虚幻的上帝，无论是灵位上供奉的列祖列宗还是个人魅力型领袖，无论是飘在南海的“观音”还是遍布乡间的“土地”，其实都在为人的精神世界提供着某种价值之源。人们从精神上依赖于这些人或人格化的神的同时，这些作为依赖对象的人或神，又在为人类的精神生活提供着某种寄托。

在精神上有所寄托、有所期待，在本质上就是一种精神上的依赖性。正是在这个意义上，马克思把提供精神寄托的宗教比喻为人民的鸦片。马克思说：“宗教里的苦难既是现实的苦难的表现，又是对这种现实的苦难的抗议。宗教是被压迫生灵的叹息，是无情世界的情感，正像它是无精神活力的制度的精神一样。宗教是人民的鸦片。”[①] 如何看待这样的“精神鸦片”，确实是一个复杂而困难的问题。在西方世界，19 世纪兴起的反理性思潮，虽然反对的主要是理性，但也包括了对上帝与宗教的反对。然而，在摆脱对任何人、任何神的精神依赖之后，人类面对的又将是什么呢？是艺术。叔本华、尼采等人阐述的反理性哲学，本质上是一种艺术哲学；庄子阐述的道家精神，本质上也是一种艺术精神。只有在艺术的世界里，人在精神领域才能达至无所期待、无所依赖的境界，正如庄子所言：“若夫乘天地之正，而御六气之辩，以游无穷者，彼且恶乎待

---

① 《马克思恩格斯选集》第一卷，人民出版社 2012 年版，第 2 页。

哉！”[1]也许只有在这样的世界里，马克思所说的“人的依赖性”才可能得到彻底的克服。

原文以《自由个性理论视野中的君主立宪》为题，
载《探索》2006年第3期，
修订后作为“附录二”收入本书。

① 方勇译注：《庄子》，中华书局2015年版，第3页。

叁

党章总纲：先锋队与华夏文明秩序的再造

党章总纲以先锋队理论作为开端，以党的领导作为结尾。这就是说，党章总纲主要阐述了从先锋队到党的领导这样一根线索。这根线索恰好可以解释华夏文明秩序的再造：在这个过程中，民主政治取代君主政治，成为再造华夏文明秩序的唯一选择。但是，要将民主政治付诸实践，却存在着多种可能性。经过数十年的检验，根据先锋队理论展开的政治实践，最终找到了民主政治在中国的实践形态，那就是党的领导与人民当家作主相结合，从而完成了华夏文明秩序的再造。可见，党章总纲开篇提出的先锋队理论，既可以解释党的领导，也可以解释民主政治的中国道路，更加重要的是，还可以解释华夏文明秩序的再造。

一　如何理解华夏文明秩序的再造

直至19世纪末期，华夏文明秩序的演进在总体上一以贯之，并未发生明显的断裂。《尚书》记载的萌生于尧舜时代的文明秩序原理，直至19世纪末期依然被奉为圭臬，就是看得见的证据。但是，就在19世纪末、20世纪初，沿袭了数千年的华夏文明秩序发生了一个根本性的转向：从君主制转向民主制，从君主主权转向人民主权。文明秩序的这种转向，并非仅见于华夏，而是一个世界性的潮流，而且，华夏还不是这个潮流的发动者，仅仅是这个潮流的顺应者。正如孙中山的名言："世界潮流，浩浩荡荡，顺之者昌，逆之者亡。"[①] 孙中山所

① 张忠诲：《孙中山著名题辞考辨》，载《北京日报》2003年9月1日。

说的世界潮流，就是以人民主权为核心的民主潮流。这个潮流起于西欧，进而席卷世界，所到之处，无不披靡。卡尔·施米特在描述这个世界潮流时写道："19世纪的政治和国家学说的历史，可以概括为一句话，民主制的胜利进军。西欧文化世界中的国家，皆难以抵挡民主观念和制度的扩张。甚至在有着强大的社会力量维护自身的地方，譬如普鲁士的君主制，能够打败民主信念的精神力量也没有超出自己信徒的小圈子。民主的进步和扩张同步，反民主的抵抗则被视为维护历史上已经过时的东西，徒劳无功，反民主与民主是旧势力与新生事物的斗争。"[①] 在19世纪的西欧发生的"民主制的胜利进军"，在20世纪初期再度显现于中国，而且几乎同出一辙：君主政治是需要摧毁的旧势力，民主政治是必须追求的新生事物。这样的"华夏新共识"及其转化而来的物质力量，终结了传统的君主政治，促成了新生的以民主政治为旗帜的中华民国。

1912年建立的中华民国虽然制定了宪法，设立了议会，但是，民国初年的民主政治看上去危机四伏，根本不能"行稳致远"。1915年4月，杨度在《君宪救国论》一文中写道，

① ［德］施米特：《政治的浪漫派》，冯克利、刘锋译，上海人民出版社2004年版，第176页。

“由今之道，不思所以改弦而更张之，欲为强国无望也，欲为富国无望也，欲为立宪国亦无望也，终归于亡国而已矣！”单就“强国无望”而论，“今虽去有形之皇家，代以无形之国家，彼不知国家为何物，无可指实，以维系其心。其所恃为维系者，统驭者之感情与威力有以羁制之而已。”[①] 更具体地说，“今中国四万万人赖以生存托命者，唯大总统一人；各国所倚以维持亚东和平及其均势之局者，亦唯大总统一人。以一人系一国之安危及各邦之动静者，无如此时；则国家命运至危极险，亦无如此时。”[②]

杨度的《君宪救国论》虽然确有为袁世凯复辟张目的动机，但也有相当的舆论基础。那个时期的政治实践表明，君主政治虽然是回不去了，但取而代之的民主政治却面临着巨大的不确定性。事后看来，民主政治作为一个总体的方向和基本的原则，是不能质疑的，也是不可动摇的，但是，民主政治到底应该怎样运行？民主政治的核心和实质就是人民主权，但关键问题是人民如何当家作主？必须看到，人民作为主权者，是政治

① 杨度：《君宪救国论》，载左玉河编：《中国近代思想家文库·杨度卷》，中国人民大学出版社 2015 年版，第 283 页。

② 杨度：《君宪救国论》，载左玉河编：《中国近代思想家文库·杨度卷》，中国人民大学出版社 2015 年版，第 288 页。

建构与政治拟制的结果。人民不像君主，君主有具体的肉身，譬如秦始皇、汉武帝、唐太宗、宋太祖，他们是具体的行动者。但人民没有某个具体的肉身。君主政治、君主主权在实践中就是君主行使统治之权，可以落实到一个具体的权力主体身上，但是，民主政治、人民主权在实践过程中，却没有办法让"人民"实际行使统治之权。这就是民主政治的难题。在 20 世纪上半叶的中国，经过数十年的探索与实践，经过反反复复的博弈与试验，中国的民主政治找到了它的相对定型的实践形态：党的领导与人民主权相结合。从更高的层面来看，这就是当代的华夏文明秩序：以党的领导为核心的民主政治，它取代了 1911 年以前的中国一直实行的君主政治，在世界潮流中完成了华夏文明秩序的再造。

中国的民主政治为什么要坚持党的领导？如何从理论上阐明华夏文明秩序在 20 世纪出现的再造？要回答这个根本性的问题，应当着眼于《中国共产党章程》的"总纲"部分（以下根据不同情况，分别简称为党章或党章总纲）。因为，党的领导是当代中国民主政治的核心与灵魂，党章则是全党必须遵循的根本规范、最高规范，党章总纲则是关于党章的理论阐释，是党章赖以成立的思想基础、理论基础。党章总纲的第一自然段规定："中国共产党是中国工人阶级的先锋队，同时是中国人民和中华民族的先锋队，是中国特色社会主义事业的领导核心，代表中国先进生产力的发展要求，代表中国先进文化的前进方向，代表中国最广大人民的根本利益。”这句话提出的第一个论断是：中国共产党是先锋队。再看党章总纲的最后一段的第一句：“中国共产党的领导是中国特色社会主义最本质的特征，是中国特色社会主义制度的最大优势。”这句话旨在强调党的领导。出现在党章总纲首尾的这两个判断，其实具有内在的逻辑关系：党作为先锋队的性质，是党的领导的逻辑起点。因此，党章总纲关于中国共产党是先锋队的判断，是解释党的领导的起点，是解释党的领导与人民当家作主相结合的起点，是解释华夏文明秩序再造的起点。在某种程度上，我们甚至可以说，先锋队是今日华夏文明秩序赖以建立的基石性概念。为了论证这个判断，下文首先考察先锋队的思想渊源，进而解释先锋队理论对民主政治理论中国化的意义，最后阐明先锋队理论在华夏文明秩序再造过程中的功能。希望通过这样的研究，促成华夏文明秩序与党章总纲之间的相互解释、相互贯通。

二　关于先锋队的思想史考察

党章总纲以先锋队定性中国共产党，看似平淡无奇，人们已经习以为常，其实蕴含着值得索解的思想信息，略作追溯，即可铸成一段关于先锋队的思想简史。

首先值得注意的是黑格尔。黑格尔看重伟大历史人物对于世界精神的意义。他在《历史哲学》一书中写道："一切伟大的历史人物——这种人自己的特殊目的关联着'世界精神'意志所在的那些重大事件。他们可以称为英雄，因为他们不是从现行制度所认准的、沉静有常的事物进行中，取得他们的目的和他们的事业，而是取自一个泉源——它的内容是隐藏着的，还没有达到现实的存在，——取得那个内在的精神"。[1]这就

---

① [德]黑格尔:《历史哲学》，王造时译，上海书店出版社2006年版，第27页。

是说，伟大历史人物之所以伟大，是因为他们能够在现行制度所认准的框架之外，先行一步，走在前面，取得某个“内在的精神”，进而把隐藏的存在变成现实的存在。伟大历史人物的先知先觉是取得他们的事业的前提条件。这样的先知先觉、先行先进，其实就已经蕴含了先锋队的意义。

在《法哲学原理》的最后一节，亦即关于“世界历史”的论述中，黑格尔写道：“历史是精神的形态，它采取事故的形式，即自然的直接现实性的形式。因此，它的发展阶级是作为直接的自然原则而存在的。”“这种环节作为自然原则所归属的那个民族，在世界精神的自我意识的自发发展进程中，有执行这种环节的使命。这个民族在世界历史的这个时期就是统治的民族：它在世界历史中创立了新的纪元，但只能是一次的。它具有绝对权利成为世界历史目前发展阶段的担当者。”“居于一切行动也包括世界历史性行动在内的顶点的是个别的人，他们是使实体性的东西成为现实的那种主观性。他们是世界精神的实体性事业的活的工具，所以是直接跟这种事业同一的”。[①] 在这几句话中，黑格尔既强调了“个别的人”对于历史过程的

① ［德］黑格尔：《法哲学原理》，范扬、张企泰译，商务印书馆 1982 年版，第 353—354 页。

决定性影响，也强调了个别的民族对于历史过程的决定性影响。概括地说，就是少数的“担当者”影响多数，甚至是“个别的人”决定历史过程。

对于黑格尔的“世界精神”理论，施米特在《当今议会制的思想史状况》一文中进行了阐释性的发挥。他说：“世界精神在其发展的所有阶段，只在少数头脑中展现自身。一个时代的精神并不把自身同时托付给每一个人的意识，也不会现身于主导民族或社会集团的每一个成员。总是有一支世界精神的先头部队、一个发展和自觉的顶端、一个先锋队，它有采取行动的法权，因为它拥有正确的知识和意识，它不是一个身位的上帝的拣选人，而是发展中的一个要素。这个先锋队丝毫不会逃避世界历史发展的内在性，而是充当——用一句粗俗的比喻说——即将来临的事变的接生婆。”施米特接着说，“这里对黑格尔哲学的解释，即它的一个方面的实践结果可以导致一种理性主义专政，也适用于马克思，确切地说，基于专政的形而上学确实性的那些证明，仍然完全处于黑格尔的历史结构框架内。”①

施米特从黑格尔的“世界精神”理论中找到了先锋队理论，

① ［德］施米特：《政治的浪漫派》，冯克利、刘锋译，上海人民出版社 2004 年版，第 206 页。

并以“世界精神的先头部队”“顶端”“先锋队”描述居于主导地位的民族，特别是其中的少数历史人物。据此，黑格尔期待的历史发展进程的“担当者”，特别是居于顶端的“个别的人”，就是世界历史进程中的先锋队。马克思早年（1843年）对黑格尔的《法哲学原理》进行过详细的研究与批判。针对《法哲学原理》第261—313节，马克思还写成了《黑格尔法哲学批判》一书[①]。在这部书中，马克思虽然没有专门论及黑格尔关于“世界精神”的理论，但依然可以确信，黑格尔的《法哲学原理》构成了马克思先锋队理论的渊源。

在1848年的《共产党宣言》中，马克思、恩格斯虽然没有直接提出“先锋队”这个概念，但对共产党应当承担的历史使命的设定，已经预示着共产党具有先锋队的性质。两年后的1850年，马克思在《1848年至1850年的法兰西阶级斗争》一文中，正式提出了“先锋队”这个概念。他说：“在革命进程把站在无产阶级与资产阶级之间的国民大众即农民和小资产者发动起来反对资产阶级制度，反对资本统治以前，在革命进程迫使他们承认无产阶级是自己的先锋队而靠拢它以前，法国的工人们是不能前进一步，不能丝毫触动资产阶级制度的。

① 《马克思恩格斯全集》第一卷，人民出版社1956年版，第245—404页。

工人们只能用惨重的六月失败做代价来换得这个胜利。”[①] 这就是说，法国的国民大众应当把无产阶级当作自己的先锋队。在马克思看来，在法国资产阶级之外，作为资产阶级的对立面，由无产阶级、农民、小资产者组成的群体中，无产阶级是这个群体的先锋队。

在 1852 年的《路易·波拿巴的雾月十八日》一文中，马克思关于先锋队又有新的论述。他写道，“12 月 1 日深夜，波拿巴以突然的袭击使巴黎的无产阶级失掉了它的领袖，失掉了街垒战的指挥者。这支没有指挥官的军队，由于对 1848 年六月事变、1849 年六月事变和 1850 年五月事变记忆犹新，不愿意在山岳党的旗帜下作战，于是就听凭自己的先锋队即秘密团体去挽救巴黎的起义的荣誉，这种荣誉已被资产阶级如此恭顺地交给兵痞们去蹂躏，以致波拿巴后来能够用一个刻薄的理由解除国民自卫军的武装：他担心无政府主义者滥用国民自卫军的武器来反对国民自卫军自己！”[②] 马克思在此所说的先锋队，范围有所缩小——专指无产阶级内部的“秘密团体”。

1871 年，马克思在《法兰西内战》的结尾部分指出：“斗

① 《马克思恩格斯文集》第二卷，人民出版社 2009 年版，第 89 页。
② 《马克思恩格斯文集》第二卷，人民出版社 2009 年版，第 563 页。

争定会一次又一次地爆发，规模也将越来越大，最终谁将取得胜利——是少数占有者还是绝大多数劳动者——那是非常清楚的。而法国工人阶级还只是整个现代无产阶级的先锋队。”① 在《共产党宣言》1882 年的俄文版序言中，马克思、恩格斯把俄国无产阶级称为先进部队：“在 1848—1849 年革命期间，不仅欧洲的君主，而且连欧洲的资产者，都把俄国的干涉看作是帮助他们对付刚刚开始觉醒的无产阶级的唯一救星。沙皇被宣布为欧洲反动势力的首领。现在，沙皇在加特契纳成了革命的俘虏，而俄国已是欧洲革命运动的先进部队了。”②

归纳马克思、恩格斯关于先锋队的相关论述，可以发现，马克思、恩格斯先后在三种意义上使用了“先锋队”这个概念：第一，为了反对资产阶级，在无产阶级、农民、小资产者组成的群体中，无产阶级是先锋队。第二，无产阶级内部的“秘密团体”是先锋队。第三，相对于世界无产阶级来说，某个国家的无产阶级是先锋队。马克思、恩格斯关于先锋队的这些思想，上承黑格尔哲学，下启列宁的先锋队理论。

在 20 世纪初，列宁直接以先锋队定性共产党。在写于

---

① 《马克思恩格斯文集》第三卷，人民出版社 2009 年版，第 180 页。

② 《马克思恩格斯文集》第二卷，人民出版社 2009 年版，第 8 页。

1901年至1902年之间的《怎么办？》一书中，列宁反复论及先锋队。他说："历史现在向我们提出的当前任务，是比其他任何一个国家的无产阶级的一切当前任务都更革命的任务。实现这个任务，即摧毁这个不仅是欧洲的同时也是（我们现在可以这样说）亚洲的反动势力的最强大的堡垒，就会使俄国无产阶级成为国际革命无产阶级的先锋队。"[①] 在这里，列宁强调俄国无产阶级是世界无产阶级的先锋队，这是对马克思先锋队理论的一种重述。接下来，列宁针对俄国国内的情况，进而指出，"我们说的是各社会阶层可能参加而且必须参加推翻专制制度的问题；而对这种'各个反政府阶层的积极行动'，如果我们想做'先锋队'，就不仅能够领导并且一定要领导。"[②] 这就把先锋队与领导权联系起来，指出了领导权、领导能力对于先锋队的意义。

列宁还说："只有把真正全民的揭露工作组织起来的党，才能成为革命力量的先锋队。'全民的'这个词含有很丰富的内容。绝大多数非工人阶级出身的揭露者（而为了要做先锋队，就应当吸引别的阶级），都是清醒的政治家和冷静的实干

① 《列宁选集》第一卷，人民出版社2012年版，第315页。
② 《列宁选集》第一卷，人民出版社2012年版，第369页。

者。”[1] 按照这样的论述，列宁领导的政党就是先锋队。在《怎么办？》一书的末尾，列宁还说：“我们坚信，第四个时期一定会使战斗的马克思主义巩固起来，俄国社会民主党一定会渡过危机而变得更加坚强和更加壮大，机会主义者的后卫队一定会被最革命的阶级的真正的先进部队所‘代替’。”[2] 列宁在此所说的先进部队，就是先锋队的另一种表达方式。

1904 年，在《进一步，退两步》一文中，列宁再次以“先进部队”作为先锋队的代名词，用以指称他领导的政党。他说：“我们容纳真正的社会民主党人的党组织愈坚强，党内的动摇性和不坚定性愈少，党对于在它周围的、受它领导的工人群众的影响也就会愈加广泛、全面、巨大和有效。把作为工人阶级先进部队的党同整个阶级混淆起来，显然是绝对不行的。”[3]1913 年，列宁对共产党作为工人阶级的先锋队的性质进行了直接的界定。他说，“党是阶级的先进觉悟阶层，是阶级的先锋队。这个先锋队的力量比它的人数大 10 倍，100 倍，甚至更多。”[4] 这就是说，先锋队人数不多，但力量很大。

① 《列宁选集》第一卷，人民出版社 2012 年版，第 372—373 页。
② 《列宁选集》第一卷，人民出版社 2012 年版，第 457 页。
③ 《列宁选集》第一卷，人民出版社 2012 年版，第 473 页。
④ 《列宁全集》第二十四卷，人民出版社 1990 年版，第 38 页。

1917年，“十月革命一声炮响，给我们送来了马克思列宁主义”，[①]同时也给我们送来了先锋队的概念与理论。至迟在1922年7月，先锋队已经出现在早期中国共产党人的论著中，同时也见于中国共产党的正式文件里。譬如，1922年7月1日，陈独秀在《答黄凌霜（无产阶级专政）》中写道：“我们要知道‘无产阶级专政’这句话，说很容易，做起来着实是一件艰难的大事业，千头万绪，不是容易可以实现的，尤其在中国更不容易实现；因为我们的天性生来不喜欢什么首领、什么指导者，然而实行无产阶级革命与专政，无产阶级非有强大的组织力和战斗力不可，要造成这样强大的组织力和战斗力，都非有一个强大的共产党做无产阶级的先锋队和指导者不可。”[②]在1922年召开的中共“二大”会议上，形成了《关于“工会运动与共产党”的议决案》，其中提出：“共产党与工会的分别是，共产党是所有阶级觉悟的无产阶级分子的组合，是无产阶级的先锋军”，“如战争一样，军队中有一个先锋，所有这大量的军队都跟着这个先锋前进。共产党也可说是一个人的头脑，全体工人便是人的身体。所以共产党无论在那种劳动运动中，他都

① 《毛泽东选集》第四卷，人民出版社1991年版，第1471页。

② 陈独秀：《陈独秀文集》第二卷，人民出版社2013年版，第264—265页。

要是‘先锋’和‘头脑’”。[①] 可见，在中国共产党建党的第二年，无论是党的正式文件还是陈独秀个人，都强调共产党是无产阶级的先锋队。一年多以后的 1924 年 2 月 7 日，李大钊做了一场演讲，题为《在广泛追悼列宁并纪念“二七”大会上的演讲》，其中指出：“现在中国是在资本帝国主义压迫之下，试看全国的资产阶级、小资产阶级、知识阶级谁能反抗？只有无产阶级。在国民革命中当先锋的亦只有无产阶级。”[②] 这是强调无产阶级是国民革命的先锋队。归纳起来，早期的中国共产党人既以先锋队定性共产党，也以先锋队定性无产阶级，这两种关于先锋队的理解，如前所述，都可以在马克思的经典著作中找到依据。

20 世纪 30 年代，党的重要文件与中国共产党人的相关论著，集中确认了中国共产党作为先锋队的性质。1935 年 12 月 25 日，中共中央政治局通过的《中央关于目前政治形势与党的任务决议（瓦窑堡会议）》认为：“中国共产党是中国无产阶级的先锋队。他应该大量吸收先进的工人雇农入党，造成党内

① 中央档案馆编：《中共中央文件选集》第一册（一九二一——一九二五），中共中央党校出版社 1989 年版，第 80 页。

② 中国李大钊研究会编注：《李大钊全集》第四卷，人民出版社 2013 年版，第 512 页。

的工人骨干。同时中国共产党又是全民族的先锋队，因此一切愿意为着共产党的主张而奋斗的人，不问他们的阶级出身如何，都可以加入共产党。”而且，“事实证明，这样成分的党，是能够完成世界无产阶级先锋队共产国际所给与的光荣任务的”。[①]1937年10月，毛泽东在《论鲁迅》一文中写道：“我们现在需要造就一大批为民族解放而斗争到底的先锋队，要他们去领导群众，组织群众，来完成这历史的任务。首先全国的广大的先锋队要赶紧组织起来。我们共产党是无产阶级的先锋队，同时又是最彻底的民族解放的先锋队。”[②]

1945年，中共“七大”通过的党章在总纲部分中规定：“中国共产党，是中国工人阶级的先进的有组织的部队，是它的阶级组织的最高形式。”与此同时，刘少奇在中共“七大”会议上作的《关于修改党章的报告》中指出：“我们完全懂得：人民群众的先锋队在人民群众解放斗争的全部过程中所起的决定的作用。人民群众必须有自己的先锋队，而且必须有如我们党这种性质的先锋队，人民群众的彻底解放，才是可能的。人民群众如果没有自己的这种性质的先锋队，就将使人民群众没

① 中央档案馆编：《中共中央文件选集》第十册（一九三四——一九三五），中共中央党校出版社1991年版，第620页。

② 《毛泽东文集》第二卷，人民出版社1993年版，第42页。

有革命的领导，而如果没有这种领导，就将使人民群众的革命事业遭受失败。中国人民只有在我们党的坚强而正确的领导之下，只有依照我们党所指出的政治方向奋斗，才能获得自己的彻底解放。”[①]刘少奇还说：“人民群众必须有自己的坚强的先锋队，人民的先锋队必须密切联系于最广大的人民群众。只有这样，人民群众的解放，才是可能的。因此，我们党——中国人民的先锋队，必须经常清除上述各种脱离人民群众的倾向，而实行密切联系人民群众的路线。”[②]

中华人民共和国成立后，在1956年召开的中共“八大”会议上制定了新的党章，总纲部分的第一句话是：“中国共产党是中国工人阶级的先进部队，是中国工人阶级的阶级组织的最高形式。”这里的先进部队，就是先锋队的另一种表达方式。从那以后，先锋队一直都是中国共产党的性质。直至2018年，党的十九大修改的党章再次确认中国共产党作为先锋队的性质：它既是中国工人阶级的先锋队，也是中国人民与中华民族的先锋队。从1922年至2018年，在将近一百年的时间里，中国共产党人的论著、中国共产党通过的党章及相关文件，已

① 《刘少奇选集》上卷，人民出版社1981年版，第343—344页。
② 《刘少奇选集》上卷，人民出版社1981年版，第347—348页。

经对中国共产党的先锋队性质进行了反反复复的确认。

以上回顾表明，关于先锋队的思想史，可以一直追溯至德国古典哲学，特别是黑格尔哲学。在经历马克思主义经典作家的创造发挥之后，先锋队逐渐成为共产党自我确认的身份与角色。在中国共产党早期，李大钊也曾以先锋队定性无产阶级，除此之外，中国共产党的各种文献，普遍都以先锋队定性中国共产党。

三　先锋队：再造华夏文明秩序的阿基米德支点

关于先锋队的思想史考察表明，至少从形式上看，先锋队是一个外来的概念与理论：它在黑格尔哲学中初现端倪，经过马克思主义经典作家锻打定型；它在20世纪20年代初期来到中国，成为中国思想、理论、意识场域内的星星之火。但是，中国的马克思主义者对先锋队概念的引入，却具有值得重估的思想史意义。在某种程度上，先锋队理论对于华夏文明秩序的再造来说，其功能好比撬动地球的阿基米德支点，或者说，先锋队理论是解释华夏文明秩序再造的一个枢纽。也许有人会提出疑问：这个判断的依据在哪里？这该不是一个夸大其词的说法吧？

当然需要论证。让我们重新回顾19世纪晚期的中国政治状况与中国思想状况。按照当事人李鸿章在1872年的说法，那可是“三千余年一大变局”。[①]在华夏文明史上从未有过的“大变局”，就是华夏文明秩序的改弦更张，就是文明秩序的重新铸造。这是一个破旧立新的过程，既要“破旧”，又要“立新”。

就“破旧”的方面来看，就是要破除传统中国的君主政治，以及支撑君主政治的思想理据——这些理据的主要载体，就是挺立了两千年的经书——正如明代“田艺蘅《玉笑零音》：‘人之为学：《四书》其门墙也，《五经》其堂奥也’”。[②]但是，从20世纪初期开始，无论是“四书”还是“五经”，都不再享有“经”的地位。经书脱魅，经书降格为史书，经学家变成了史学家。[③]在这个过程中，尤其是在“疑古派”学人的眼里，传统中国的经书很少有可信的——正如胡适1921年在致顾颉刚的信中所言：“宁疑古而失之，不可信古而失之。”[④]在这种极端言论的背后，我们可以发现，在五四运动之后兴起的“疑古派”

① （清）李鸿章：《李鸿章全集》第二册，海南出版社1997年版，第676页。

② 钱钟书：《钱钟书集：谈艺录》，生活·读书·新知三联书店2007年版，第621页。

③ 清代乾隆、嘉庆年间的章学诚（1738—1801）有一个著名的论断：“六经皆史也。古人不著书，古人未尝离事而言理，六经皆先王之政典也。”详见罗炳良译注：《文史通义》，中华书局2012年版，第2页。这样的“六经皆史”论表明，至迟在18世纪晚期，已经出现了一个“经书脱魅”的趋势。

④ 顾颉刚编著：《古史辨》第一册，上海古籍出版社1982年版，第23页。

或“古史辨派”，并不是一个孤立的、纯粹的学术事件。在“疑古”的背后，其实是对传统中国政教思想、政教制度的全面质疑与遗弃，其实是君主政治的终结在学术层面上的表达，概而言之，其实是关于“破旧”的学术表达。

就“立新”的方面来看，19 世纪末、20 世纪初试图确立的新的文明秩序，主要是以英国为代表的欧美政教制度。这个外来的政教制度虽然可以从多个方面予以描述，但它的核心与实质是民主政治。在甲午战争之前，得风气之先的郑观应认为，“治乱之源，富强之本，不尽在船坚炮利，而在议院上下同心，教养得法。”[①] 在甲午战争之后，何启、胡礼垣的观点是：“泰西君主之国，可为吾法者莫如英。而核计四百年以前，英国之权独归于君，而民无权也，而百废不兴，富强未立。二百年以前，其则半属于君，半属于民也，而得失互见，上理未闻。自是而后，以至于今，则君听于民而权归百姓矣。然以今日而视四百年前之英，强盛实逾百倍。”[②] 无论是设立议院，还是走向“君听于民而权归百姓”，其实都可以归结为民主或人民主权。

民主就是人民主权。正如前文已经提及，从 19 世纪末至

① 夏东元编：《郑观应集》上册，上海人民出版社 1982 年版，第 233 页。
② 郑大华点校：《新政真诠：何启、胡礼垣集》，辽宁人民出版社 1994 年版，第 271 页。

20世纪初，华夏文明秩序的再造，就是从君主主权转向人民主权，就是从君主政治转向民主政治。20世纪初期的中国主流思想、主流理论、主流实践，都可以概括为走向民主。其中，孙中山被视为中国民主革命的先行者，毛泽东的代表著作之一是《新民主主义论》——这里的“新民主”，是相对于孙中山的“民主”而言的。然而，倘若要寻求毛泽东与孙中山之间的最大公约数，那么，无论是新民主还是旧民主，都是民主，都是为了实现民主政治。

确实应当追求民主政治，但是，问题的关键在于：如何追求民主政治？追求什么样的民主政治？民主政治在中国的实践形态应当是什么？辛亥革命成功之后，新生的中华民国按照西方国家普遍实行的议会制度、内阁制度、多党制度等方式，将民主政治付诸实践，但结果却是：既没有满足精英对民主政治的期待，也没有满足民众对民主政治的期待。正如梁启超在1915年的《异哉所谓国体问题者》一文中所言：“自辛亥八月迄今未盈四年，忽而满洲立宪，忽而五族共和，忽而临时总统，忽而正式总统，忽而制定约法，忽而修改约法，忽而召集国会，忽而解散国会，忽而内阁制，忽而总统制，忽而任期总统，忽而终身总统，忽而以约法暂代宪法，忽而催促制定宪法。大抵一制度之颁行之平均不盈半年，旋即有反对之新制度起而摧翻之，使全国民彷徨迷惑，莫知适从，政府威信，扫地尽矣。”[①]

所有这些让国民彷徨迷惑、让政府威信扫地的政治实践，其实都可以概括为：播下民主政治之龙种，收获混乱无序之跳蚤——至少是那几年的政治状况，可以支撑这个判断。正是民国初年的议会制度、内阁制度、多党制度的不成功，才导致了袁世凯的复辟。但是，重新回到君主政治，显然又是不可能的。梁启超的《异哉所谓国体问题者》已经道尽了当时的进退失据：“夫共和国体之难以图存，公等当优能言之矣。吾又谓君主国体之难以规复者，则又何也。盖君主之为物，原赖历史习俗上一种似魔非魔之观念，以保其尊严。此种尊严，自能于无形中发生一种效力，直接间接以镇福此国，君主之可贵，其心在此。虽然尊严者不可亵者也，一度亵焉而遂将不复能维持。譬诸范雕土木偶，名之曰神，升诸闳殿，供诸华龛，群相礼拜，灵应如响，忽有狂生拽倒而践踏之，投诸溷腧，经旬无状，虽复升取以重入殿龛，而其灵则已渺矣。自古君主国体之国，其人民之对于君主，恒视为一种神圣。于其地位，不敢妄生言思拟议。若经一度共和之后，

① 梁启超：《梁启超全集》，北京出版社1999年版，第2905页。

此种观念遂如断者之不可复续。”[①] 这就是梁启超亲历亲见的左右为难的处境：传统的君主政治是回不去了，西方式的民主政治也走不通；旧的已经远去，新的尚未到来。这就是说，华夏文明秩序的再造或转型还是没有完成。

但是，如前所述，数年之后的1922年——就在中国共产党成立的第二年，一个新的概念在中国萌生，那就是先锋队。这个汉语词汇在它的初生之时，不会得到多少关注，没有人会注意到这个隐藏在陈独秀的私人信件里的概念中共“二大”通过的文件也不会受到当时的社会公众的普遍重视。即使到了今日，中国的思想史研究者对于这个概念，依然没有给予足够的关注。试举例说明。金观涛、刘青峰的《观念史研究》一书，以将近70万字的篇幅，研究了中国近代以来最重要的政治术语，其中包括天理、公理、真理、权利、个人、社会、天下、万国、世界、富强、科学、生产力，等等。除此之外，这部书还列出了近百个中国现代最重要的政治术语，[②] 但是，其中没有关于“先锋队”的研究，甚至都没有提到“先锋队”这个概念。显而易见，“先锋队”这个概念还处于思想史研究者的视

① 梁启超：《梁启超全集》，北京出版社1999年版，第2904页。

② 金观涛、刘青峰：《观念史研究：中国现代重要政治术语的形成》，法律出版社2010年版，第490页。

野之外。然而，先锋队作为一个“政治术语”，其重要程度绝不逊于《观念史研究》一书列举的那些术语。因为，正是“先锋队”这个政治术语，为华夏文明秩序的再造奠定了真正的思想基石。

让我们再次审视中国近现代史的一个侧面。从前文述及的梁启超面对国体问题之际的进退两难，到今日中国在国体问题上的尘埃落定，这是一个逐渐凝聚、逐渐定型的过程。这个过程其实是跟中国共产党的诞生、发展、成熟过程同步展开的，是逐渐成熟的中国共产党塑造了今日中国的文明秩序：今日中国是人民主权的民主国家，但是，在人民主权的实践过程中，在民主政治的运行过程中，都要坚持党的领导。因此，今日中国的文明秩序可以概括为人民主权与党的领导相结合，或者说是党的领导与人民主权相结合，都可以，总之是两个要素的结合。但是，这两个要素结合的基础理论却是先锋队理论。

在中国共产党诞生的第二年，就在正式文件中确立了自己作为先锋队的身份、角色。这既是一种身份上的自我确认，同时也是一种职责上、使命上的自我要求。所谓先锋队，其实就是走在前面，就是要在一个更大的群体中走在前面。进一步说，先锋队的概念实际上蕴含了两个方面的含义：其一，在先锋队的后面，一定有一个更大的追随者群体。如果没有追随者群体，先锋队也就不复存在，先锋队就只是孤军，一支前行的孤军就只能是孤军，不可能称为先锋队。因此，有规模更大的追随者群体是先锋队赖以成立的前提条件。其二，中国共产党作为先锋队，主要是政治上的先锋队，它与军事上的先锋队或先锋部队还有一个实质性的区别：军事上的先锋队或先锋军，与后续的主体部队，都是由一个更高层级的统帅部派出的。后续部队在先锋部队的后面前行，并不是在追随先锋队，而是在贯彻执行更高层级的统帅部的命令。军事上的先锋部队不仅不是后续主体部队的引领者，反而要服务于后续的主体部队，因为主要的作战任务，必须由后续的主体部队来完成，先锋部队仅仅是为主体部队完成核心的作战任务做好铺垫。但是，政治上的先锋队却迥异于军事上的先锋队。作为先锋队的共产党，对于先锋队之后的追随者群体，具有直接的引领作用，这种引领就是党的领导。在作为先锋队的共产党之上，并没有一个更高的统帅部，[①] 追随者群体除了追随先锋队，并没有一个先锋队之外或之上的更高的统帅部的命令需要听从。这就是说，追随者群体并不是因为有外在的、更高的命令而去追随先锋队，先锋队也不能通过强制力量去迫使追随者群体来追随自己。因

① 早期的中国共产党，需要接受共产国际的领导，那是特定历史条件下的产物。

此，先锋队对追随者群体的感召力、吸引力，就是“先锋队”这个概念和理论能够成立的关键。

正是因为中国共产党作为先锋队的感召力、吸引力越来越强，自 20 世纪 20 年代以来，由中国共产党感召、吸引的追随者群体越来越大。特别是在 20 世纪 40 年代，无数生气勃勃的优秀年轻人自愿奔赴物质匮乏的延安，这种现象本身就是对“先锋队”这个概念的生动诠释，就是在证明先锋队的感召力、吸引力。由此我们可以发现，从清朝末年直至 1949 年，在将近半个世纪的时间段落里，各种政治理论之间的竞争，各种政治团体之间的竞争，归根到底，从根本上说，都是政治感召力、政治吸引力的竞争，都是先锋队意识强弱的竞争，都是充当先锋队能力高低的竞争。

由于中国共产党在建党之初就确立了先锋队的角色、身份、职责、使命，数十年间，通过持之以恒的践履，先锋队作为一粒种子逐渐长大。“逐渐长大”的外在表征是：中国共产党不仅对工人、农民、知识分子产生了强大的政治感召力，而且对整个中国人民和中华民族都产生了强大的政治感召力，由此，中国共产党从早期的工人与农民的先锋队，逐渐成为中国人民与中华民族的先锋队。中国共产党作为中国人民和中华民族的先锋队，首先是一个客观的事实，正是由于这个客观的事实，支撑了党的领导以及党的执政。

如前所述，当代中国的文明秩序已经从君主政治走向了民主政治，但是，当代中国的民主政治的实体内容是党的领导与人民当家作主相结合。两者结合的产物就是“党领导人民当家作主”——这句话，可以作为当代中国文明秩序的通俗化表达。然而，如果要进一步追问这个文明秩序的形成过程，那么中国共产党自我确认的先锋队角色、先锋队身份，尤其是对先锋队角色与身份的践履、坐实，才是铸造这个新的文明秩序的源头。

我们还可以通过其他政治力量的思想与意识，来反证中国共产党的先锋队性质对华夏文明秩序再造的意义。在 20 世纪上半叶，中国共产党之外的其他政治力量，最重要的莫过于国民党。1912 年 8 月 21 日，就在国民党成立之前夕，孙中山在社会党、同盟会联合举办的欢迎会上的演说中提出：两党制才是最好的，“国中政党，只当有进步、保守二派。此次同盟会与各党合并，即欲使国中只存二党，以便政界竞争。”[①] 四天之后的 8 月 25 日，在国民党成立大会上的演说中，孙中山又重申：“政党均以国利民福为前提，政党彼此相待应如弟兄。要知文明各国不能仅有一政党，若仅有一政党，仍是专制政体，

① 孙中山：《孙中山全集》第二卷，中华书局 1982 年版，第 403 页。

政治不能有进步。”[①]1913 年 3 月 13 日，孙中山在神户国民党交通部欢迎会上的演说中又讲：“立宪之国，时有党争，争之以公理法律，是为文明之争，图国事进步之争也。若无党争，势必积成乱，遏为无规则之行为耳”。[②]在这一系列演讲中，孙中山反复强调的核心思想是：一个国家应当有两个竞争性的政党，这两个政党在资格、能力、道德诸方面都处于完全对等的地位；两个政党之间的党争不仅是可以接受的，而且还是必不可少的。按照这样的政治思想，两个对等政党之间的党争应当作为华夏文明秩序重建的前提条件。这样的两党论（或党争论），是一种与先锋队理论完全不同的政治理论。后来的事实证明，华夏文明秩序的再造过程没有接受孙中山的两党论；只有先锋队理论，成为重建华夏文明秩序的基础理论。

① 孙中山：《孙中山全集》第二卷，中华书局 1982 年版，第 408 页。
② 孙中山：《孙中山全集》第三卷，中华书局 1984 年版，第 45 页。

四　先锋队理论：华夏文明秩序再造的基础理论

从理论上说，孙中山的政党理论也是很好的理论，西方很多国家都实行竞争性的两党政治或多党政治，确实也取得了很好的政治效果。孙中山熟悉西方国家的政治实践，希望把西方竞争性的政党政治移植到中国来，以实现华夏文明秩序的再造。但是，20世纪上半叶的政治实践表明，在西方国家行之有效的两党政治，在中国并没有取得预期的效果。迄今为止，被证明行之有效的理论是先锋队理论。问题由此而提出：为什么是先锋队理论成为华夏文明秩序再造的基础理论？一个重要的原因在于，先锋队理论是马克思主义彻底中国化的产物，是马克思主义与中国传统文化高度融和、深度融和的产物。先锋队理论既源于马克思主义经典作家，又能够根植于中国传统文化。这是先锋队理论超越于其他民主政治理论的根本。

前文关于先锋队的思想史考察已经表明，先锋队理论的源头可以追溯至黑格尔。马克思、恩格斯对黑格尔的理论进行了创造性的转化，提出了“先锋队”这个概念与理念。在20世纪最初的几年里，列宁反复发挥并强化了先锋队的概念与理念，使之成为列宁领导的无产阶级政党自我认同的身份与角色。俄国1917年的“十月革命”之后，马克思、恩格斯、列宁关于先锋队的理论也随之来到中国，并从1922年开始，成为中国共产党人坚定地奉行的理论。在将近一百年的时间段落里，中国共产党人一直将先锋队理论付诸实践，时至今日，取得了有目共睹的巨大成功。

中国共产党人能够接受、坚持并践履先锋队的理论，有一个根本的原因在于：中国共产党人，特别是毛泽东、刘少奇以及早期的陈独秀、李大钊等人，对于中国固有的传统文化都有深刻的理解。以毛泽东为例，根据知情者的回忆：“中国古书，从经史子集到稗官小说，毛泽东几乎无所不读”，“进北京以后，根据毛泽东对中国古籍的广泛需要，特地买了一部《四部备要》，并陆续添置了其他一些古书。我记得一九五二年，给他添置了一部大字本的《二十四史》，这就是一些人熟知的毛泽东经常阅读并作了大量圈、画和批注的那部《二十四史》。《四部备要》

对中国的主要古籍收集得比较齐全，据我了解，不说全部，恐怕绝大部分，毛泽东都读过了。”[①]还有刘少奇，通过其代表作《论共产党员的修养》，我们可以看到，传统的儒家学说对刘少奇的影响是显著而深刻的。譬如，刘少奇说：“《孟子》上有这样一句话：‘人皆可以为尧舜’，我看这句话说得不错。每个共产党员，都应该脚踏实地，实事求是，努力锻炼，认真修养。”[②]刘少奇还说：“在中国古时，曾子说过‘吾日三省吾身’，这是说自我反省的问题。《诗经》上有这样著名的诗句：‘如切如磋，如琢如磨’，这是说朋友之间要互相帮助，互相批评。”[③]还有陈独秀，早在1896年就考中了秀才——这个头衔，本身就是传统文化的象征。这些事实都可以说明，中国共产党人的卓越代表，普遍熟知中国传统经典，深谙中国传统文化。正是因为中国共产党人在传统思想文化方面的修养，让他们善于把马克思、恩格斯、列宁创造的先锋队理论与中国传统思想文化融会贯通。

在中国传统的思想文化中，与先锋队理论能够相互契合的

① 逄先知：《古籍新解，古为今用——记毛泽东读中国文史书》，载龚育之、逄先知、石仲泉：《毛泽东的读书生活》，生活·读书·新知三联书店2009年版，第163页、第165页。

② 刘少奇：《论共产党员的修养》，人民出版社2000年版，第12页。

③ 刘少奇：《论共产党员的修养》，人民出版社2000年版，第17页。

理论，肯定不止一种。在这里，作为一个例证，可以举出中国传统思想体系中的一个重要支点——《庄子·天下篇》中所说的“内圣外王之道”，[①] 以阐明中国传统思想接引马克思、恩格斯、列宁创造的先锋队理论的方式与姿态。

让我们首先审视在传统中国思想体系中居于核心地位的《尚书》。《尚书》之首篇《尧典》开篇即称：“曰若稽古，帝尧曰放勋，钦明文思安安，允恭克让。光被四表，格于上下。克明俊德，以亲九族。九族既睦，平章百姓。百姓昭明，协和万邦，黎民于变时雍。”这里的帝尧，就是因内圣而外王的化身。根据《尧典》的描述，帝尧焕发出来的内圣之光，足以照射至普天之下。帝尧的内圣，让他对普天之下的民众产生了无限的感召力与吸引力。所谓“钦明文思，允恭克让”，其实就是一个圣王的标准画像。根据后来者的解释，“敬事节用谓之钦，照临四方谓之明，经纬天地谓之文，虑深通敏谓之思，宽容覆载谓之安。允，信。克，能。不懈于位曰恭，推贤让能曰让”，这就是帝尧的精神肖像。正是在帝尧的有力感召之下，“民众从化而变，悉臻和善也。”[②] 所谓“从化而变，悉臻和善”，是

① 方勇译注：《庄子》，中华书局2015年版，第568页。

② 曾运乾注：《尚书》，黄曙辉校点，上海古籍出版社2015年版，第3页。

说从“九族”到“百姓”，最后再到“万邦”，都在帝尧的感召、引导下，发生了根本性的变化，从“不和不善”全部走向“尽和尽善”。这既是一个从核心波及到边缘的过程，同时也体现为追随帝尧的群体越来越大的过程：最初，只有“九族”追随帝尧，在近距离的“九族”成为帝尧的追随者之后，稍远距离的“百姓”跟在“九族”的后面或外面，成为帝尧的追随者。按照同样的逻辑，更远距离的“万邦”则在“百姓”之后，成为帝尧的追随者，这就是帝尧开创“尧舜事业”、成为天下圣王的逻辑。

《孟子·梁惠王下》描绘了一幅商汤的政治肖像：“臣闻七十里为政于天下者，汤是也。未闻以千里畏人者也。书曰：‘汤一征，自葛始。’天下信之。东面而征，西夷怨；南面而征，北狄怨。曰：‘奚为后我？’民望之，若大旱之望云霓也。归市者不止，耕者不变，诛其君而吊其民，若时雨降。民大悦。书曰：‘徯我后，后来其苏。’”[①] 按照孟子的这番勾画，我们可以看到一个比帝尧更加清晰、更加生动的圣王：世人期待他，就像久旱者期待甘霖；世人眼巴巴地等着他的军队（王师）尽快到达；他的军队到达之时，就是世人获救之日。不用说，这

① 杨伯峻译注：《孟子译注》，中华书局2012年版，第47页。

样的圣王一定会得到民众的广泛追随。这就是商汤以纵横七十里的狭小国土，却能够统一天下的根源：他对普天之下的民众具有强大的政治感召力，民众对他产生了不可遏制的追随意愿，这就是商汤成为天下圣王的逻辑。

比较《尚书》描绘的帝尧与《孟子》描绘的商汤，两位圣王的肖像虽然在细节方面存在诸多差异，但是他们成为圣王的逻辑都是一样的，这个逻辑可以提炼为：因为内圣，所以外王。其中，“内圣”是起点，“内圣”是发动机，“内圣”持续不断地输出强大的感召力、吸引力，赢得了越来越多的自愿追随者；至于“外王”，只不过是这个过程的必然结果而已。内圣是外王的原因，外王是内圣的结果。这种因内圣而外王的圣王逻辑，就是《尚书》《孟子》这样的传统经典旨在表达的核心逻辑与核心思想。

关于这样的圣王逻辑，《大学》还有更加精炼的阐述：“大学之道，在明明德，在亲民，在止于至善。”针对这样的大学之道，基本的践履方式是：“古之欲明明德于天下者，先治其国；欲治其国者，先齐其家；欲齐其家者，先修其身；欲修其身者，先正其心；欲正其心者，先诚其意；欲诚其意者，先致其知。致知在格物。物格而后知至，知至而后意诚，意诚而后心正，心正而后身修，身修而后家齐，家齐而后国治，国治而后天下平。”这就是《大学》列举的“三纲领八条目”。宋代的朱子特别看重这“三纲八目”，把它置于《四书章句集注》全书之首，并认为：“子程子曰：‘《大学》，孔氏之遗书，而初学入德之门也。’于今可见古人为学次第者，独赖此篇之存，而《论》《孟》次之。学者必由是而学焉，则庶乎其不差矣。”[①] 按照朱子之意，“三纲八目”出自至圣先师孔子，是读书人需要掌握的第一教义。在宋代以后的中国思想史上具有奠基作用的“四书”，就是以这“三纲八目”作为开端，其背后的理据就在于：“三纲八目”揭示了传统中国政治的核心逻辑——因内圣而外王。

从20世纪在中国生成的先锋队理论来看，由帝尧、商汤体现的“内圣外王之道”，与先锋队的理论逻辑遥相呼应，两者具有相当大的同构性。先锋队的理论逻辑同样在于：先锋队因为先进，始终具有持续不断的强大感召力，因而赢得了越来越多的人民群众的追随，先锋队的事业就是这样取得胜利的，先锋队的领导地位就是这样建立起来的。

马克思、恩格斯、列宁提出的先锋队理论，为什么能够在中国焕发出强大的生命力？原因就在这里：在《尚书》《孟子》

① （宋）朱熹撰：《四书章句集注》，中华书局2011年版，第4页。

这样的传统经典中浸泡了两千多年的中国人，“内圣外王之道”早已深入骨髓。外来的先锋队理论其实只是把埋藏在中国人思想深处的“内圣外王之道”再次唤醒。从思想渊源上看，先锋队的概念与理论确实源出于马克思、恩格斯、列宁的经典著作，然而，传统中国的“内圣外王之道”，为马克思、恩格斯、列宁的先锋队理论在中国的落地生根提供了丰饶的土壤与丰厚的滋养。换个角度来说，在传统中国的“内圣外王之道”与现代中国的先锋队理论之间，其实潜伏着一根隐秘而坚韧的思想线索。正是由于这个缘故，在20世纪初期，外来的先锋队理论与中国传统经典蕴含的内圣外王学说一经接触，很快就融为一体，而且逐渐生长成为一棵参天大树。这棵大树的名字叫先锋队，但它埋藏在地底下的根系，特别是根系所吸取的养分，则是中国固有的“内圣外王之道”。

作为比较与对照，我们再考察孙中山的两党政治理论与中国传统文化的关系。如果以传统中国的话语体系来表达，两个相互并立的、彼此完全对等的政党，就相当于在一个政治共同体中存在着“天有二日”的格局，按照传统中国的政治观念，这是不能被接受的。“天有二日”得不到传统经典的支撑，没有思想基础与社会基础。在帝尧的时代，并没有一个与帝尧并列的圣王。与帝尧齐名的帝舜是帝尧培养、选拔出来的接班人。在时间维度上，帝尧与帝舜是先后继替的关系。在伦理维度上，帝尧与帝舜是长辈与晚辈的关系。倘若帝舜辞世，代替帝舜的继承人，只能是比帝舜更晚的大禹。在帝舜之前的帝尧不可能起死复生，在帝舜之后重新履行圣王的职责。但是，按照孙中山的两党政治理论，两党之间必须轮流执政、交替主政、相互接任，旗鼓相当的两个政党应当交替充当统治与治理的主体——这就相当于帝尧与帝舜轮流主政。按照孙中山的两党政治理论，美国、英国式的两党政治，就是理想中的民主政治形态。但是，民主政治的这种实践方式，在中国固有的思想文化中很难落地，很难找到生根发芽的土壤——就像我们很难想象帝尧与帝舜可以轮流主政。因此，孙中山的两党政治理论，尽管在理论上是可以论证的，在西方也有成功的实践，但在民国初年的政治实践过程中，已经被证明是行不通的。

如前所述，孙中山是中国民主革命的先行者，他领导的辛亥革命终结了传统中国的君主政治，开启了现代中国的民主政治。由于他从欧美引进的民主政治理论以两党制为核心，在中国固有的思想文化体系中，找不到与之对接的概念与理论，因而没有取得他期待的政治效果。但是，中国共产党人按照马克思主义原理，刻意培植的先锋队理论，却有效地实现了民主政治的中国化，找到了一条民主政治的中国化道路。这条道路的要义包括三点：（1）民主之“民”，以及人民主权之“人民”，都不是均质、同质之“民”或“人民”，在“民”或“人民”的范围内，有一个多数民众主动追随、自愿追随的先锋队。（2）这个先锋队在人民当中，是人民的一部分，但又得到了其他民众的自愿追随。（3）根据这样的实际格局，实践中的人民主权，就是先锋队领导人民当家作主，就是党领导人民当家作主，就是党的领导与人民当家作主的结合。这就是中国共产党人在孙中山之后找到的民主政治道路。追根溯源，这个民主政治道路的理论基础，就是先锋队理论。

五　党章总纲与华夏文明秩序的再造机理

阐释华夏文明秩序在近代以来的重建与再造，是当代中国最根本、最重要的法理问题之一，党章总纲是当代中国最根本、最重要的理论文本之一。着眼于此，有必要把两者结合起来：通过党章总纲，去阐释华夏文明秩序的再造机理。由此可以看到，党章总纲以先锋队理论开其端绪，以党的领导作为结尾。这就是说，党章总纲主要阐述了从先锋队到党的领导这样一根线索。这根线索恰好可以解释华夏文明秩序的再造过程：在这个过程中，民主政治取代了君主政治，成为再造华夏文明秩序的唯一选择。但是，民主政治如何实践、如何落地、如何运转却存在着多种可能性。在20世纪初期或前期，既有孙中山提供的两党政治理论，也有中国共产党人根据马克思主义提出并实践的先锋队理论，当然还有其他各种各样的理论。经过数十年的检验，根据先锋队理论展开的政治实践，最终确立了民主政治在中国的实践形态，打造了民主政治理论的中国肉身，让民主政治理论在当代中国成功落地，从而完成了华夏文明秩序的再造。

可见，党章总纲开篇提出的先锋队理论，既可以解释党的领导，也可以解释民主政治的中国道路，更加重要的是，还可以解释华夏文明秩序的再造。因此，理解今日的华夏文明秩序，应当着眼于党章总纲，尤其是党章总纲开篇所规定的先锋队理论。

原文以《华夏文明秩序的再造》为题，
载《法学论坛》2019年第1期，
修订后收入本书。

肆

宪法序言：面向世界的“中国论”

中国宪法序言作为当代中国人民经过法定程序确认的“中国论”，它主要体现为四对范畴：历史与阶级意识，统一祖国与统一战线，多民族国家与民族关系，以及中国与人类命运共同体。其中，历史与阶级意识揭示了当代中国的根基，“历史”既是马克思主义方法的本质，也是中国固有的方法，阶级意识则是马克思主义的指导地位在当代中国的直观体现。统一战线与统一祖国是传统中国的“大一统”与现代中国的现实格局融会贯通的产物，尤其是统一战线，它既是马克思主义中国化的产物，同时也具有深厚的历史基础。多民族国家与民族关系是现代性的产物，也是民族意识觉醒的产物，是置身于世界的中国必须面对的现实。人类命运共同体既是马克思主义经典作家强调的“自由人联合体”的中国化表达，更是对中国必须面向之世界的直接回应。

一　从石介的《中国论》到中国宪法序言

有学者注意到，虽然“大家习以为常地在各种论述里面，使用着‘中国’这一名词，并把它作为文明的基础单位和历史的论述前提。可是如今有人竟然质疑说，真的有这样一个具有同一性的‘中国’吗？这个‘中国’是想象的政治共同体，还是一个具有同一性的历史单位？它能够有效地涵盖这个曾经包含了各个民族、各朝历史的空间吗？各个区域的差异性能够被简单地划在同一的‘中国’里吗？”[①] 面对这样的追问，确实有必要重建有关中国的论述，特别是有关中国的历史论述。

① 葛兆光：《宅兹中国：重建有关“中国”的历史论述》，中华书局2011年版，第3页。

要重建有关中国的历史论述，或者说要重建“中国论”，当然有多种可能性。本文选取的进路，是从“面向四夷”的“中国论”转为“面向世界”的“中国论”。讨论“中国论”的变迁，在新的历史背景下重建有关中国的论述，主要的目的在于回答“中国是什么”或“什么是中国”这样一个根本性的问题。

就现在看到的资料来说，作为一个汉语词汇的“中国”，最早的记载见于1965年在陕西宝鸡出土的“何尊”，上面留下了西周初年的一段铭文，其中包含了“余其宅兹中国，自兹乂民”一语。[①] 这里的“中国”，实指成周新邑，亦即西周王朝新建的都城；这里的“中国”，虽然主要指代一个城邑或都邑，但也蕴含着“王者居中”的政治意义。《诗经·大雅·民劳》称：“民亦劳止，汔可小康。惠此中国，以绥四方。”此处的“中国”，“指西周王朝直接统治区域，即所谓‘王畿’。因为四方都有诸侯，所以称做中国。”此处的“四方”，则是“指四方诸侯国。”[②] 按照这样的解释，《诗经》里的“中国”，较之于“何尊”记载的“中国”，在空间范围上有所扩大，含义也有所变化：从“都邑”变成了“王畿”。迁延至战国时代，特

① 马承源：《何尊铭文初释》，载《文物》1976年第1期。

② 高亨注：《诗经今注》，上海古籍出版社2009年版，第423页。

别是战国中后期，“中国”的含义进一步发生变化。譬如，《孟子》提出的一个论断是，“莅中国而抚四夷”。[①] 按照这样的表达方式，“中国”是一个与“四夷”相对应的概念，“中国”与“四夷”之间的分野由此显现。

一千多年以后，孟子的这个观念，被北宋思想家石介（1005—1045）发挥到了极致。石介的名篇《中国论》称：“夫天处乎上，地处乎下，居天地之中者曰中国，居天地之偏者曰四夷。四夷外也，中国内也。天地为之乎内外，所以限也。夫中国者，君臣所自立也，礼乐所自作也，衣冠所自出也，冠昏祭祀所自用也，缞麻丧泣所自制也，果瓜菜茹所自殖也，稻麻黍稷所自有也。东方曰‘夷’，被发文身，有不火食者矣；南方曰‘蛮’，雕题交趾，有不火食者矣；西方曰‘戎’，被发衣皮，有不粒食者矣；北方曰‘狄’，毛衣穴居，有不粒食者矣。其俗皆自安也，相易则乱。”[②]

在石介看来，正确处理“中国”与“四夷”之间的关系，应当秉持的基本原则是：“各人其人，各俗其俗，各教其教，各礼其礼，各衣服其衣服，各居庐其居庐，四夷处四夷，中国

① 杨伯峻译注：《孟子译注》，中华书局2012年版，第17页。

② （宋）石介：《徂徕石先生文集》，陈植锷点校，中华书局1984年版，第116页。

处中国，各不相乱，如斯而已矣。则中国，中国也；四夷，四夷也。”[①]石介提出的这个原则，可以在《礼记》中找到它的思想渊源：“中国戎夷，五方之民，皆有性也，不可推移。东方曰夷，被发文身，有不火食者矣。南方曰蛮，雕题交趾，有不火食者矣。西方曰戎，被发衣皮，有不粒食者矣。北方曰狄，衣羽毛穴居，有不粒食者矣。中国、夷、蛮、戎、狄，皆有安居、和味、宜服、利用、备器。”[②]据此，虽然民居五方，但“中国”之民在中央，“四方”之民在东西南北四方，“四方”之民就是“四夷”。

石介的《中国论》可以说是“中国—四夷”论的代表性论著，这篇文献以极端的方式说明了传统中国的一个特质：华夏与蛮夷之间的文明等级。钱穆注意到，“四夷与诸夏实在另有一个分别的标准，这个标准，不是‘血统’而是‘文化’。所谓‘诸侯用夷礼则夷之，夷狄进于中国则中国之’，此即以文化为‘华’‘夷’分别之明证。这里所谓‘文化’，具体言之，则只是一种‘生活习惯与政治方式’。诸夏是以农耕生活为基础的城市国家之通称，凡非农耕社会，又非城市国家，则不为

---

① （宋）石介：《徂徕石先生文集》，陈植锷点校，中华书局1984年版，第117页。
② 王文锦译解：《礼记译解》，中华书局2016年版，第164页。

诸夏而为夷狄。”[1] 在这里，钱穆以是否存在农耕生活及城市国家作为区分诸夏与四夷的标准。这种以生产方式划分夷夏的观点是否妥当，这里暂且存而不论，但是，以“文化”来区分“诸夏”与“夷狄”，却是不刊之论。显而易见，钱穆在此所说的诸夏，就是孟子、石介所说的“中国”。

石介的《中国论》既表明宋代中国出现了一个“中国意识”凸显的思想趋势，同时也可以代表传统中国关于“中国”的典型论述。这种“中国论”的核心观点和主要特征，是严格区分“中国”与“四夷”，甚至把“中国”与“四夷”之间的文化断裂推向极致：“中国”与“四夷”具有本质的区别，必须保卫“中国”在文化上的优越性，必须严防“中国”在文化上矮化、蛮化、夷狄化。如果“中国”全面走向夷狄化，那就是所谓的“亡天下”。因此，石介的《中国论》，作为传统中国的颇具代表性的“中国论”，可以称之为“面向四夷”的“中国论”。

19 世纪中期以后，中国逐渐从“中国的中国”“亚洲的中国”转向“世界的中国”。这种转向在 19 世纪下半叶，以及 20 世纪上半叶，将近一个世纪的时间段落里，完全是被动

① 钱穆：《中国文化史导论》，九州出版社 2011 年版，第 39 页。

的，甚至是被迫的。在整个19世纪下半叶，虽然中国已经被拖入了世界，天下体系在事实上已经变成了万国体系，但是，相对于现实的变化来说，理论总是来得太迟，“密纳发的猫头鹰要等黄昏到来，才会起飞。”[①]对于近代中国来说，甚至到了黄昏时分，“密纳发的猫头鹰”依然没有起飞，背后的原因在于，中国与世界的关系，长期没有得到清晰的、有效的、合情合理的界定：在新的世界面前，在新的万国体系中，中国的位置到底在哪里？是否接受“半殖民地国家”的地位？是否接受“弟子国”的身份？[②]1941年，毛泽东在《延安〈解放日报〉发刊词》中问道：“现在的问题是：世界是帝国主义强盗互相屠杀的世界，还是世界人民和平的世界？中国是日本帝国主义的中国，还是中国人的中国？”[③]这些都是

---

① ［德］黑格尔：《法哲学原理》，范扬、张企泰译，商务印书馆1982年版，第14页。

② 在1914年发表于《留美学生年报》中的《非留学篇》中，胡适写道：“以数千年之古国，东亚文明之领袖，曾几何时，乃一变而北面受学，称弟子国。天下之大耻，孰有过于此者乎！”详见欧阳哲生编：《胡适文集》第九册，北京大学出版社2013年版，第636—637页。15年以后的1929年，陈寅恪在《北大学院己巳级史学系毕业生赠言》中，再次提到这种“羞欲死”之“大耻”。他说：“群趋东邻受国史，神州士夫羞欲死。田巴鲁仲两无成，要待诸君洗斯耻。”详见陈寅恪：《陈寅恪集·诗集·附唐筼诗存》，生活·读书·新知三联书店2001年版，第19页。

③《毛泽东文集》第二卷，人民出版社1993年版，第352页。

当时的中国所面临的焦点问题。但是，时至今日，时过境迁，在石介的《中国论》问世一千年之后，早已置身于世界的中国，也许可以重新寻找面向世界的“中国论”，以之取代石介的“面向四夷”的“中国论”。

在近现代以来的汉语文献中，倘若要寻找面向世界的“中国论”，具有代表性的文献固然很多，但是，最具代表性、最具权威性的文献，应当是中国现行宪法的序言。值得注意的是，中国宪法序言的作者，不是某个人，而是当代的中国人民，因为中国宪法序言与中国宪法正文一样，都是经过全国人民代表大会按照法定程序正式确认的。在当代中国渐次生成的千千万万的文献中，没有哪一篇文献比中国宪法的序言更能代表中国人民关于“中国是什么”的基本立场。从法理上看，中国宪法序言具有多方面的功能，譬如，它为宪法正文提供了前提与依据，而宪法正文则是中国一切法律的依据，等等。但是，今天的中国宪法序言还有一个有待挖掘、有待凸显的功能：它是一篇面向世界的“中国论”，它在一个新的世界背景之下，向世界人民和中国人民解释了中国。因此，如果要问，今天的中国是什么？或者问，什么是中国？那么，中国宪法序言提供了最具权威性、最具代表性、民意基础最坚实的答案。对于这篇经过2018年修改的中国宪法序言，对于这篇面向世界的“中国论”，我们可以通过四对范畴予以解读，它们分别是：历史与阶级意识，统一祖国与统一战线，多民族国家与民族关系，中国与人类命运共同体。

这四对范畴的提出，是对中国宪法序言进行归纳提炼的结果，提出四对范畴的依据是中国宪法序言本身。其中，“历史与阶级意识”主要体现了马克思主义的方法，当然也是解释中国的方法，应当先行阐明。“统一祖国与统一战线”侧重于描述一个“统一的中国”，统一祖国旨在反对分裂，统一战线也是为了增进团结，两者都可以归在“统一”的名下，它们包含的意蕴值得给予进一步的解释。“多民族国家与民族关系”侧重于描述一个“民族的中国”，主要在于阐明中国的民族性。“中国与人类命运共同体”侧重于描述一个“世界的中国”，旨在解释中国与世界的关系，以及中国在世界的责任。四对范畴旨在解释中国的不同维度。在四对范畴之间，并不能完全切割开来。它们之间会相互关联、相互交织，甚至会略有交叉。譬如，“历史”作为“马克思的方法”（详后），需要单独叙述。但是，“统一的中国”“民族的中国”都是历史的产物，讲“统一祖国”也会讲到“历史”。

概而言之，四对范畴分别指向“解释中国的方法”，以及“统一的中国”“民族的中国”“世界的中国”。着眼于此，下文从方法论开始，从中国自身延伸至人类世界，立足于面向世界的“中国论”，试图为理解中国宪法序言提供一个新的视角。

二 “马克思的方法”：“历史与阶级意识”

中国宪法序言共有1900字，分为13个自然段。从内容上看，中国宪法序言首先讲历史，然后讲阶级。这恰好是匈牙利思想家卢卡奇的代表作《历史与阶级意识》一书的两大关键词。在此书的1922年版序言中，卢卡奇说，“本书的基本信念——就是正确地理解马克思的方法的本质，并正确地加以运用。”他还说，“我们在这里的基本前提是相信，在马克思的理论和方法中，认识社会和历史的正确方法已经最终被发现了。这个方法在其最内在的本质上是历史的。”[①]

① [匈]卢卡奇：《历史与阶级意识——关于马克思主义辩证法的研究》，杜章智、任立、燕宏远译，商务印书馆1992年版，第41页。

按照卢卡奇的这个见解，马克思的理论方法主要是历史的方法。

《历史与阶级意识》一书收录了1920年完成的《阶级意识》一文，从书名可以看出，卢卡奇比较看重这篇论文。在这篇论文中，卢卡奇开篇就说：“就在马克思要规定什么是阶级的时候，他的主要工作被中断了，这对无产阶级的理论和实践来讲都是一种灾难。因此，后来的运动在这个极其重要的问题上，只能依靠各种各样的解释，依靠把马克思和恩格斯偶尔发表的意见加以归纳，依靠独立地研究和运用他们的方法。马克思主义认为，社会划分为阶级是由人们在生产过程中的地位决定的。但是，阶级意识是什么意思呢？这个问题马上就派生出一系列密切相关的小问题。首先，（从理论上）应该怎样理解阶级意识？其次，（在实践中），在阶级斗争中，这样理解的阶级意识本身的功能又是什么？”[①] 在这篇论文的结尾，卢卡奇指出：“无产阶级只有扬弃自身，只有把它的阶级斗争进行到底，实现无阶级社会，才能完善自身。为了这样一个社会而进行的斗争（连无产阶级专政也只是其中的一个阶段）不仅是和外部

① ［匈］卢卡奇：《历史与阶级意识——关于马克思主义辩证法的研究》，杜章智、任立、燕宏远译，商务印书馆1992年版，第119页。

敌人，和资产阶级的斗争，而且同时也是无产阶级和自身的斗争。”[①] 这就是说，对于无产阶级的理论和实践来说，阶级意识是极其重要的。

作为马克思主义的理论家，卢卡奇对“历史与阶级意识”的再三致意，恰好体现在中国宪法序言中。中国宪法序言体现的方法主要是历史的方法，中国宪法序言注重阶级意识。从这个角度来看，中国宪法序言是一篇马克思主义的思想文献、理论文献。

中国宪法序言开篇就说：“中国是世界上历史最悠久的国家之一。”这是宪法序言的第一句话，它蕴含了两个方面的信息。第一，中国是“世界上”的中国，当然也是面向世界的中国，它已经迥异于石介刻意强化的“面向四夷”的中国。正是因为这个缘故，宪法序言可以称为面向世界的“中国论”。第二，中国是历史最悠久的国家之一。这是在强调中国的历史性。这体现了卢卡奇所说的马克思主义的历史方法。在接下来的六个自然段中，宪法序言几乎都是在进行历史性叙述。

① ［匈］卢卡奇：《历史与阶级意识——关于马克思主义辩证法的研究》，杜章智、任立、燕宏远译，商务印书馆1992年版，第142页。

其中，第一个历史节点是：“一八四〇年以后，封建的中国逐渐变成半殖民地、半封建的国家。中国人民为国家独立、民族解放和民主自由进行了前仆后继的英勇奋斗。”第二个历史节点是：“二十世纪，中国发生了翻天覆地的伟大历史变革。”第三个历史节点是：“一九一一年孙中山先生领导的辛亥革命，废除了封建帝制，创立了中华民国。但是，中国人民反对帝国主义和封建主义的历史任务还没有完成。”第四个历史节点是：“一九四九年，以毛泽东主席为领袖的中国共产党领导中国各族人民，在经历了长期的艰难曲折的武装斗争和其他形式的斗争以后，终于推翻了帝国主义、封建主义和官僚资本主义的统治，取得了新民主主义革命的伟大胜利，建立了中华人民共和国。从此，中国人民掌握了国家的权力，成为国家的主人。”这段话叙述的是 1921 年至 1949 年的历史。第五个历史节点是“中华人民共和国成立以后”，亦即 1949 年以后，这是一个包含了数十年的时间段落。第六个历史节点指向中国的现在与未来，它是历史的自然延伸。

大致说来，中国宪法序言的第一个自然段加上随后的六个自然段，主要是在讲中国历史。这些关于中国的历史叙述或“时间段落”呈现出三个方面的特点。

首先是厚今薄古的历史叙事。1840 年以前漫长的中国历史，被概括成为两句话："中国是世界上历史最悠久的国家之一。中国各族人民共同创造了光辉灿烂的文化，具有光荣的革命传统。"中国是有历史、有文化、有革命传统的中国，这就是传统中国，亦即"面向四夷"的中国。这里的"革命传统"，从表面上看，是一个现代性的概念，而且，这个概念的现代性还可以为历史中国、传统中国赋予新的伦理资源，但是，"革命"同样是一个中国固有的本土概念，按照《易传》的论断："天地革而四时成。汤武革命，顺乎天而应乎人。革之时大矣哉！"[①] 据此，中国的"革命传统"可以追溯至商汤、周武，这就是说，"革命"在中国还真是一个古老的"传统"。因此，有"革命传统"的中国，依然是"传统"中国。这个传统中国，可以用石介的《中国论》来解释。传统中国创造的"文化"，可以理解为钱穆所说的作为区分诸夏与四夷之"文化"，与"文化"对应的概念是"夷化"或"蛮化"，这样的"文化"堪称石介赖以分辨"中国"与"四夷"的核心标准。尽管传统中国的历史很悠久，但在宪法序言中却被一笔带过。较之于对传统中国历史的高度概括、高度浓缩，20 世纪以后的中国历史，亦即走出天下体系、走进万国体系的中国及其历史，得到了相

① 尚秉和:《周易尚氏学》，张善文点校，中华书局 2016 年版，第 223 页。

对详细的叙述。今详而古略，厚今而薄古，是宪法序言叙述历史的基本取向。

其次是面对世界的历史叙事。在六个历史节点上，宪法序言分别运用“半殖民地”“国家独立”“民族解放”“反对帝国主义”“推翻了帝国主义”等一系列关键词，描述了中国进入世界、进入万国体系之后的早期遭遇。这是一个从半殖民地到民族解放的过程，是一个追求国家独立的过程，是一个反对帝国主义、推翻帝国主义的过程。在这个追求民族解放的过程中，很难形成定型化的“中国论”。毕竟，一个半殖民地的国家，在万国体系中，还不是完全独立的国家，还不是一个与其他国家相互平等的国家。直至第五个历史节点，即“中华人民共和国成立以后”，“中国人民和中国人民解放军战胜了帝国主义、霸权主义的侵略、破坏和武装挑衅，维护了国家的独立和安全，增强了国防。”在国家独立的前提下，才可能以独立国家、平等国家的地位和立场，面向世界阐述中国。因此，中国宪法序言作为一篇面向世界的“中国论”，它的历史叙事是“面向世界”的叙事，迥异于石介“面向四夷”的叙事。

最后是“四件大事”支撑的历史规律。宪法序言详细叙述的中国现代史，可以概括为“四件大事”。为什么是“四件大事”？是哪“四件大事”？为什么要叙述“四件大事”？

在这里，不妨摘录1982年宪法起草过程中彭真与许崇德、王叔文相互交谈的一段记载："彭真轻声说：'据我了解，国际上的宪法通例，有的只有条文，有的也有序言。我们的1954年宪法，就有序言。'许崇德说：'序言往往侧重描述一个国家的政治文化背景和发展目标。'彭真说：'我设想，能否在序言中，概括中国现代史上的四件大事。'彭真借助微弱的灯光，看着稿子说：'第一件是辛亥革命，废除了封建帝制，创立了中华民国。第二件，是推翻了帝国主义、封建主义和官僚资本主义的统治，取得新民主主义的胜利，建立了中华人民共和国。'彭真不看稿子，也说得字字准确，'第三件，是完成生产资料私有制的社会主义改造，确立社会主义制度。第四件，是现在还在进行的经济建设取得了重大的成就。'王叔文领悟：'推翻封建帝制，推翻三座大山，完成所有制改造，发展经济建设……四件大事，概括了20世纪发生在中国的伟大历史变革。'彭真又仔细地说：'第一件大事，是孙中山先生领导的。后三件，都是中国共产党领导全国人民，在马列主义、毛泽东思想指引下，取得胜利的。四项基本原则都在其中了！'高明！许崇德和王叔文不禁在心中感叹。四件大事，都是发生在中国的历史事实，任何人都无法否认。而且，有的内容放在序言而不是条文之中表述，也更加符合宪法的行文规范。这样写，既反映了中国的政治现实，又得到了最大多数人的拥护。”[①] 这就是宪法序言记载的“四件大事”的具体内容及其由来。

毫无疑问，20 世纪的中国发生了很多大事。但是，在 20 世纪 80 年代起草宪法序言，首先要记载“任何人都无法否认”的“四件大事”。而且，在这“四件大事”中，有三件大事“都是中国共产党领导全国人民，在马列主义、毛泽东思想指引下，取得胜利的”。这样，通过对 20 世纪中国的历史事件作一番选择与排列，一般性的历史知识或历史事件，就演化成或上升为“任何人都无法否认”的历史逻辑与历史哲学。宪法序言起草者的精心选择与排列，发现了客观的历史事实，进而发现了不以人的意志为转移的客观的历史规律。当事实上升为规律，历史也就变成了逻辑与哲学。这时候，历史就不仅仅是对过去事件的简单的记录，而是真理的载体，或者说就是真理本身。根据这样的历史规律制定的宪法，其理据也是“任何人都无法否认”的。因为，它反映了不以人的意志为转移的客观历史规律。这确实是一种“高明”的论证方式，同时也是传统中

① 郝在今：《〈中国法制家——彭真的一个世纪〉——为共和国第四部宪法呕心沥血》，载《山东人大工作》2002 年第 11 期。

国人习以为常、普遍认可的思维模式。在这里，如果套用李泽厚“历史本体论”的思路，[①] 宪法序言关于“四件大事”的历史叙述，就可以概括为两句话：历史成逻辑，规律成本体。[②] 历史是永远存在的，历史是不朽的，由历史所呈现出来的历史规律，也就具有“天不变，道亦不变”的恒定性，这样的历史规律正是中国宪法序言的起点，当然也是中国宪法正文以及根据中国宪法制定的所有法律的起点与依据。可见，历史的方法既是马克思主义的方法，也是中国固有的方法。

在历史方法之外，宪法序言在接下来的第八个自然段还规定：“在我国，剥削阶级作为阶级已经消灭，但是阶级斗争还将在一定范围内长期存在。中国人民对敌视和破坏我国社会主义制度的国内外的敌对势力和敌对分子，必须进行斗争。”这就是宪法序言体现出来的阶级意识。有学者认为，这项规定“反映了 1982 年宪法仍有一定的时代局限，带着‘文化大革命’后阶级斗争的某些痕迹”。[③] 还有学者提出，宪法序言中的这句话“虽然没有出现‘革命’二字，但‘阶级斗

---

① 李泽厚：《历史本体论》，生活·读书·新知三联书店 2002 年版，第 1 页。

② 这段论证可以参见喻中：《法律文化视野中的权力》，法律出版社 2013 年版，第 112—113 页。

③ 蔡定剑：《宪法精解》，法律出版社 2006 年版，第 148 页。

争’作为两种敌对力量的博弈，身在革命时间，是中国现代革命的产物”。[1] 按照这样的解读，宪法序言对“阶级”的确认，主要体现了现代革命对于当下的意义。然而，在本文看来，宪法序言对阶级的确认，主要体现了马克思主义的“阶级意识”。因为，中国共产党领导的中国革命是马克思主义指导下的产物，是将马克思主义运用于实践的产物。宪法序言体现出来的这种阶级意识，表明它是一篇马克思主义的“中国论”。

这里值得注意的是，宪法序言体现的这种阶级意识，需要从社会变迁的角度来理解。宪法序言是在 1982 年的社会背景下表述的阶级意识，时值中国改革开放的初期。经历了 40 多年的改革开放之后，随着中国政治、经济、社会、文化的变迁，“阶级”的内涵和意义已经发生了一定的变化。已有学者发现，“凸显对立的‘无产阶级’‘资产阶级’话语体系不再流行，而‘工人阶级’‘共产主义’等反映我国社会主义本质特色和信仰的话语稳居主流。”[2] 在变迁的过程中，与

① 王人博：《中国现代性的椭圆结构——“八二宪法”中的“建设者”述论》，载《文史哲》2018 年第 2 期。

② 熊美娟、李凤欣：《阶级话语的发展与变迁——基于〈人民日报〉社论（1978—2016）的分析》，载《广州大学学报》2018 年第 7 期。

阶级相近的概念（譬如“阶层”）也随之兴起。因此，我们既要看到宪法序言确认的“阶级意识”，也要看到“阶级意识”的变迁。

三　从一统到统一：统一祖国与统一战线

如果说“历史与阶级意识”主要体现了马克思主义的指导，那么“统一”既是对中国历史的回应，更是对中国现实的回应。中国宪法序言反复强调的“统一”包括两种意涵：针对中国台湾地区的“统一祖国”，政党制度层面上的“统一战线”。作为一对范畴，统一祖国与统一战线都强调“统一”，两者相互支撑，各有所指：统一祖国主要指向领土，统一战线主要指向人民。对于一个国家来说，领土、人民和主权是基本的要素。国家必须要有主权，除此之外，领土和人民缺一不可，否则不能成为一个国家。正是在这个意义上，统一祖国和统一战线可以作为解释中国的一对范畴。

针对前者，宪法序言的规定是：“台湾是中华人民共和国的神圣领土的一部分。完成统一祖国的大业是包括台湾同胞在内的全中国人民的神圣职责。”这是关于“统一祖国”的规定，据此，“统一祖国”是一个必须完成的神圣职责。这个“神圣职责”根源于历史，针对现实，指向未来。宪法序言在关于统一祖国的规定中，专门强调台湾是中国领土的一部分。

针对后者，宪法序言的规定是：“社会主义的建设事业必须依靠工人、农民和知识分子，团结一切可以团结的力量。在长期的革命、建设、改革过程中，已经结成由中国共产党领导的，有各民主党派和各人民团体参加的，包括全体社会主义劳动者、社会主义事业的建设者、拥护社会主义的爱国者、拥护祖国统一和致力于中华民族伟大复兴的爱国者的广泛的爱国统一战线，这个统一战线将继续巩固和发展。中国人民政治协商会议是有广泛代表性的统一战线组织，过去发挥了重要的历史作用，今后在国家政治生活、社会生活和对外友好活动中，在进行社会主义现代化建设、维护国家的统一和团结的斗争中，将进一步发挥它的重要作用。中国共产党领导的多党合作和政治协商制度将长期存在和发展。”这段话是关于当代中国统一战线制度的集中表达。

统一战线主要是一种政党制度，当然也是一种政治制度。这种政治制度包含三个方面的要义：一是中国共产党在统一战线中的集中统一领导；二是各民主党派和人民团体参加统一战线；三是统一战线的范围包括全体社会主义劳动者、社会主义事业的建设者、拥护祖国统一的爱国者、致力于中华民族伟大复兴的爱国者，由此可见，统一战线的“参加者”范围宽泛，除了前文提到的少数敌对势力与敌对分子，中国人几乎都属于统一战线的范围。由统一战线制度蕴含的三点要义，可以看到由统一战线的理论与制度所建构的秩序格局及其原理：第一，党的领导居于核心地位；第二，各民主党派和人民团体既在党的领导下，也团结在党的周围；第三，各民主党派和人民团体还联系着所有的劳动者、建设者、爱国者。这是一个具有深厚历史传统的秩序格局。

在统一战线的范围内，还包括拥护祖国统一的爱国者。这就是说，统一祖国与统一战线具有密切的相关性。从政治层面上说，“统一祖国”也可以纳入“统一战线”的范围中去，因为我国台湾地区也有大量的“拥护祖国统一和致力于中华民族伟大复兴的爱国者”，而且，这样的爱国者越多越好。统一战线作为一种政治制度，它发挥效能的极致，就是让我国台湾地区的所有人都成为“拥护祖国统一和致力于中华民族伟大复兴的爱国者”。这个目标的实现，实际上意味着统一祖国的大业在政治上已经完成。当然，如前所述，统一战线与统一祖国在宪法序言中毕竟还是各有所指：第一，统一战线主要是指统一于党的领导，统一祖国特指海峡两岸属于同一个祖国。第二，统一战线侧重于“人的统一”，统一祖国侧重于“地的统一”。只有“人”与“地”都统一了，才算是实现了全面的、立体的统一，从这个角度来说，统一战线与统一祖国都是“统一大业”。

宪法序言关于统一祖国与统一战线的规定，既是现实政治的产物，更是历史的产物。就现实政治来看，统一祖国的命题是 1949 年政权鼎革过程的伴生物，当然，再往前追溯，还可以追溯至 1894 年的甲午中日战争。统一战线的命题是政党政治的产物，更具体地说，统一战线是中国共产党的三个法宝之一。[①] 就两者的共性而言，无论是统一祖国还是统一战线，都是中国走向现代性的产物。但是，宪法序言以较大的篇幅规定统一祖国、特别是规定统一战线，还根植于一个深厚的历史传统，体现了一个深厚的历史传统在现代中国的延伸。这个历史传统，就是在传统中国源远流长的大一统（或一统）。

① 在 1939 年 10 月的《〈共产党人〉发刊词》一文中，毛泽东把“统一战线”置于“三个法宝”之首。他说：“统一战线，武装斗争，党的建设，是中国共产党在中国革命中战胜敌人的三个法宝，三个主要的法宝。”详见《毛泽东选集》第二卷，人民出版社 1991 年版，第 606 页。

先看《尚书·益稷》：“帝光天之下，至于海隅苍生，万邦黎献，共惟帝臣，惟帝时举。”[①] 这就是说，普天之下的四海苍生、万邦黎民，都是帝舜之臣，所有人全部一统于帝舜，这也许是关于大一统思想的较早的论述。《尚书·禹贡》既是地理学，也是政治学与法理学，它以“禹别九州”开端，以“东渐于海，西被于流沙，朔南暨，声教讫于四海。禹锡玄圭，告厥成功”结束，[②] 其政治寓意是：经过大禹的规划与整理，完成了四海一统的政治伟业。《诗经》中还有更加广为人知的论断：“溥天之下，莫非王土；率土之滨，莫非王臣。”[③] 它传递的基本理念同样是天下一统。在《尚书》《诗经》之后，再看《礼记》以孔子的名义描述的大同世界：“大道之行也，与三代之英，丘未之逮也，而有志焉。大道之行也，天下为公，选贤与能，讲信修睦。故人不独亲其亲，不独子其子，使老有所终，壮有所用，幼有所长，矜寡孤独废疾者皆有所养，男有分，女有归。货恶其弃于地也，不必藏于己；力恶其不出于身也，不必为己。是故谋闭而不兴，盗窃乱贼而不作，故外户而不闭，

① 曾运乾注：《尚书》，黄曙辉校点，上海古籍出版社 2015 年版，第 35 页。

② 曾运乾注：《尚书》，黄曙辉校点，上海古籍出版社 2015 年版，第 41 页、第 72 页。

③ 高亨注：《诗经今注》，上海古籍出版社 2009 年版，第 315 页。

是谓大同。”[①] 这个“大同”的世界，以“天下”作为范围，依然是一个大一统的世界。

到了东周，特别是战国时代，在列国相互攻伐、征战不休的现实面前，大一统成为一个普遍的理想。据《孟子·梁惠王》，孟子去见梁襄王，出来之后告诉别人：“望之不似人君，就之而不见所畏焉。卒然问曰：‘天下恶乎定？’吾对曰：‘定于一。’‘孰能一之？’对曰：‘不嗜杀人者能一之。’”[②] 孟子在此所说的“一”，可以理解为“一统”或“大一统”的简称。“定于一”就是回归或走向一统，这是孟子与梁襄王的共识，其实也是那个时代的普遍共识。孟子与梁襄王之间的根本分歧，是“定于一”的方法与手段：是通过文德呢还是通过武力？梁襄王与其他诸侯的思路，大致都偏重于通过武力以实现“定于一”的目标。譬如，李斯初至秦国向秦王提出的建言，就颇具代表性，也很符合诸侯的预期：“今诸侯服秦，譬若郡县。夫以秦之强，大王之贤，由灶上骚除，足以灭诸侯，成帝业，为天下一统，此万世之一时也。”[③] 李斯所说的“天下一统”就是“大一统”，它揭示了传统中国的一个基本观点：“一统”的范

① 王文锦译解：《礼记译解》，中华书局2016年版，第258页。
② 杨伯峻译注：《孟子译注》，中华书局2012年版，第13页。
③（汉）司马迁：《史记》，中华书局2006年版，第521页。

围就是天下，孟子所说的“定于一”就是“天下一统”。

较之于孟子，公羊学以《春秋》解释学的名义，对大一统思想产生了更加直接、更加具体的支撑与论证作用。譬如，针对《春秋》第一句话：“元年，春，王正月。”《春秋公羊传》的解释是：“元年者何？君之始年也。春者何？岁之始也。王者孰谓？谓文王也。曷为先言王，而后言正月？王正月也。何言乎王正月？大一统也。”[①] 由此看来，公羊学首先提出的思想就是大一统思想，大一统思想就是公羊学的逻辑起点。按照汉代何休的解释，“大一统”的含义是：“统者，始也，总系之辞。夫王者始受命改制，布政施教于天下，自公侯至于庶人，自山川至于草木昆虫，莫不一一系于正月，故云政教之始。”唐代徐彦的解释是：“所以书正月者，王者受命制正月，以统天下，令万物无不一一皆奉之以为始。故言‘大一统也’。”[②] 可见大一统就是统天下，就是天下一统。当代史家杨向奎还有进一步的解释：“何休诂‘一统’虽然与今人诂‘一统’之义有别，但其大一统实真正之大一统，自公侯至于庶人，自山川至于昆虫草木，莫不系于‘正月’，也就是系于‘王纲’之政令，正

① 黄铭、曾亦译注：《春秋公羊传》，中华书局2016年版，第1—2页。

② （汉）何休解诂，（唐）徐彦疏：《春秋公羊传注疏》，刁小龙整理，上海古籍出版社2013年版，第12页。

月为政教之始，统一于王朝者必奉王朝正月颁布之正朔法令，故《公羊》云：‘王者孰谓，谓文王也。’何休《解诂》云，‘文王周始受命之王，天之所命，故上系于天’。以周文王为一统之象征，实行一统，当别求新王，作新王之法，权假文王，实际以《春秋》当新王，《春秋》何以当新王？《春秋》为新王立法，亦‘法王’也。”①

作为公羊学的重要代表人物，汉代的董仲舒也非常看重《春秋》对大一统思想的奠基作用。《汉书·董仲舒传》记载了董仲舒的大一统思想：“《春秋》大一统者，天地之常经，古今之通谊也。今师异道，人异论，百家殊方，指意不同，是以上亡以持一统；法制数变，下不知所守。臣愚以为诸不在六艺之科孔子之术者，皆绝其道，勿使并进。邪辟之说灭息，然后统纪可一而法度可明，民知所从矣。”②按照这个论断，“大一统”作为天地之常经，相当于普天之下必须遵循的永恒不变的自然法。

在董仲舒之后，关于大一统的思想，在中国历史上一直绵延不绝。宋代的程颐、胡安国、朱熹，清代的庄存与、刘逢禄、

① 杨向奎：《大一统与儒家思想》，北京出版社2016年版，第71页。
② （汉）班固：《汉书》，中华书局2007年版，第570页。

龚自珍、魏源，清末民初的廖平、康有为，都有关于大一统思想的发挥。康有为的《大同书》可以说是这一思想谱系的晚期硕果。

在传统中国，大一统的思想对中国固有的文明秩序产生了根本性的形塑作用。杨向奎认为，大一统的思想可以作为“炎黄”“华夏”两实体形成的思想基础。因为，“一统和大一统思想，三千年来浸润着我国人民的思想感情，这是一种向心力，是一种回归的力量。这种力量的源泉不是狭隘的民族观念，而是一种内容丰富，包括有政治、经济、文化各种要素在内的‘实体’，而文化的要素有时更占重要地位。‘华夏文明’照耀在天地间，使人们具有自豪感和自信心，因而是无比的精神力量。它要求人们统一于‘华夏’，统一于‘中国’，这‘华夏’与‘中国’不能理解为大民族主义或者是一种强大的征服力量，它是一种理想，一种自民族、国家实体升华了的境界。这种境界具有发达的经济、理想的政治、崇高的文化水平而没有种族歧视及阶级差别，是谓‘大同’。”①

19世纪末、20世纪初，随着儒家经典特别是《春秋》作为“经”的地位的终结，随着由《春秋》特别是《春秋公羊

---

① 杨向奎：《大一统与儒家思想》，北京出版社2016年版，第5页。

传》确立的“大一统”格局的终结,“一统”的观念转换为“统一”的观念。如果说,“一统”是天下体系下的政治理想,那么,“统一”则是万国体系下的政治理想。分别来看,“一统”是天下体系的一统,四夷在文化上归属于华夏,华夏是一统的内核,在华夏之外或之下是四夷,在四夷之外或之下是禽兽,在禽兽之外或之下是“禽兽不如”,这既是一个不断往外扩散的同心圆,同时也是一个不断跌落的文明的下滑线。如果要打个比方,那么,“一统”昭示的文明秩序相当于一个圆锥形结构,圆锥的顶尖部位,既是居于中心的部位,也是权力最高的部位,更是文明程度最高的部位;往外扩散的部位既是在文化上越来越低的部位,当然也是政治权力越来越低的部位。这就是“一统”昭示的圆锥形结构。

但是,“统一”是国家统一。国家统一有两个方面的含义。其一,它是一个主权国家内部的统一,在这个主权国家之外,还有其他的众多的主权国家,众多主权国家之间是平等的关系。其二,在主权国家内部,有一个中央政权,在中央政权之下,是众多相互并列的地方政权。众多的地方政权服从同一个中央政权,中央政权是众多地方政权共同服从的政治中心,在主权国家内部的政权体系中,中央政权是政治权力最高的部分。这就是“统一”。因此,“统一”是在万国体系的背景下,一个主权国家内部形成的政治关系。从传统中国的“一统”或“大一统”到现代中国的“统一”，虽然在背景上经历了天下体系到万国体系的变迁，但是变中自有其不变的根本，那就是，都有一个所望所归的政治中心。

如前所述，对于当代中国来说，一统或大一统的时代已经过去，需要认真对待的宪法问题与政治问题是统一。对于当代中国的“统一”来说，中国宪法序言的规定包括两个方面：统一祖国特指台湾问题的解决，统一战线特指政党制度，具体说来，就是中国共产党领导的多党合作与政治协商制度。无论是统一祖国还是统一战线，都是为了理顺居于中心地位的政治权力与其他政治权力的关系，在主权国家的框架下优化和完善国家内部的政治秩序。

四 “创立民族国家”：多民族国家与民族关系

如果说，“大一统”是天下体系的产物，那么，万国体系的产物则是民族国家或多民族国家。正是在这种逻辑的支配下，中国宪法序言在“统一祖国”“统一战线”之后，转向关于民族国家的叙述：“中华人民共和国是全国各族人民共同缔造的统一的多民族国家。平等团结互助和谐的社会主义民族关系已经确立，并将继续加强。在维护民族团结的斗争中，要反对大民族主义，主要是大汉族主义，也要反对地方民族主义。国家尽一切努力，促进全国各民族的共同繁荣。”宪法序言中的这段话包含了几个关键词：多民族国家与民族关系，以及与此相关的民族主义。

这里需要略加辨析的是，“民族国家”与“多民族国家”

是两个层次的概念。有学者认为，“民族国家，是国家形态的现代发展。在具体分类上，民族国家分为单一民族国家和多民族国家。”[①]换言之，“民族国家”是一个通称或统称，自近代以来，民族国家成为国家形态的主流。[②]至于“多民族国家”，则是与单一民族国家相对应的概念。其中，由多个民族组成的国家就是多民族国家，由单一民族组成的国家就是单一民族国家。当今世界的民族国家，大多体现为多民族国家，也有少量的单一民族国家。中国是一个民族国家，而且是一个多民族国家。中国也是一个现代的民族国家。但是，中国

① 陈建樾：《单一民族国家还是多民族国家：近代中国构建现代国家的解决方案之争》，载《清华大学学报》2018年第5期。

② 关于民族与国家的关系，应注意吴文藻的一个观点，他在1926年写成的《民族与国家》一文中认为：“民族乃一种文化精神，不含政治意味，国家乃一种政治组织，备有文化基础。民族者，里也，国家者，表也。民族精神，实赖国家组织以保存而发扬之。”详见吴文藻：《论社会学中国化》，商务印书馆2010年版，第419页。关于中华民族，费孝通在1988年的《中华民族的多元一体格局》一文中写道：“中华民族作为一个自觉的民族实体，是近百年来中国和西方列强对抗中出现的，但作为一个自在的民族实体则是几千年的历史过程所形成的。我这篇论文将回溯中华民族多元一体格局的形成过程。它的主流是由许许多多分散孤立存在的民族单位，经过接触、混杂、联结和融合，同时也有分裂和消亡，形成一个你来我往、我来你去、我中有你、你中有我，而又各具个性的多元统一体。”详见费孝通著，方李莉编：《全球化与文化自觉——费孝通晚年文选》，外语教学与研究出版社2013年版，第85页。

宪法序言根据中国的历史与现实，以“多民族国家”定性中国，是非常准确的。中国作为一个多民族国家，其主要特点见于宪法序言的明文规定，那就是民族平等、民族团结、民族互助、民族和谐。

民族国家或多民族国家作为现代国家的存在形态，可以在马克思、恩格斯的著作中找到理论依据。从总体上说，马克思、恩格斯高度认同民族国家在历史进程中的积极价值与正面意义。1884年，恩格斯在《论封建制度的瓦解和民族国家的产生》一文中，论述了发生在15世纪的封建制度的衰败与民族国家的产生。他说：“从中世纪早期的各族人民混合中，逐渐发展起新的民族［Nationalitäten］，大家知道，在这一发展过程中，大多数从前罗马行省内的被征服者即农民和市民，把胜利者即日耳曼统治者同化了。因此，现代的民族［Nationalitäten］也同样是被压迫阶级的产物。”[①]“虽然在整个中世纪时期，语言的分界线和国家的分界线远不相符，但是每一个民族［Nationalität］，也许意大利除外，在欧洲毕竟都有一个特别的大的国家成为其代表；所以，日益明显日益自觉地建立民族国家［nationale Staaten］的趋向，成为中世纪进

① 《马克思恩格斯文集》第四卷，人民出版社2009年版，第218页。

步的最重要杠杆之一。”[①] 恩格斯还认为，在中世纪，在“普遍的混乱状态中，王权是进步的因素，这一点是十分清楚的。王权在混乱中代表着秩序，代表着正在形成的民族［Nation］而与分裂成叛乱的各附庸国的状态对抗”。[②] 由此得出的结论是，民族国家是中世纪进步的重要杠杆。

在《自然辩证法》一书中，恩格斯还得出了大致相同的观点，他说，“现代的自然研究”，“发端于这样一个伟大的时代”，“这个时代是从15世纪下半叶开始的。王权依靠市民摧毁了封建贵族的权力，建立了巨大的、实质上以民族为基础的君主国，而现代的欧洲国家和现代的资产阶级社会就在这种君主国里发展起来”。[③] 这就是说，君主制的民族国家是对封建贵族的超越，君主制的民族国家是资本主义社会的孵化器，君主制的民族国家也是摆脱“人的依赖性”的一个关键环节。在1871年的《法兰西内战》初稿中，马克思也论及民族国家，他说：“以建立民族统一（创立民族国家）为任务的第一次法国革命，必须消除一切地方的、区域的、城镇的、外省的独立

① 《马克思恩格斯文集》第四卷，人民出版社2009年版，第119页。
② 《马克思恩格斯文集》第四卷，人民出版社2009年版，第220页。
③ 《马克思恩格斯文集》第九卷，人民出版社2009年版，第408页。

性。”[①] 马克思在此强调，在一个国家的范围内，地方性、区域性以及城市、省份都应当弱化，超越地方性的民族统一、“创立民族国家”应当成为政治发展的方向。

但是，1848 年的《共产党宣言》却强化了另一个方面：由于世界市场的开拓，“资产阶级挖掉了工业脚下的民族基础。古老的民族工业被消灭了，并且每天都还在被消灭。它们被新的工业排挤掉了，新的工业的建立已经成为一切文明民族的生命攸关的问题”，在这样的背景下，“民族的片面性和局限性日益成为不可能”。[②] 马克思、恩格斯在此表达的观点是，自给自足、闭关自守的民族将会日趋弱化，超越于民族性的世界性将会日渐凸显。

以上回顾表明，一方面，马克思、恩格斯高度评价民族国家的进步性；另一方面，马克思、恩格斯又强调民族弱化的趋势与无产阶级国际联合的方向。如何理解这两种指向不同的观点？在此，有必要参照恩格斯在《共产党宣言》“1893 年意大利文版序言”中的论断：“不恢复每个民族的独立和统一，那就既不可能有无产阶级的国际联合，也不可能有各民族为达到

---

① 《马克思恩格斯文集》第三卷，人民出版社 2009 年版，第 191 页。

② 《马克思恩格斯文集》第二卷，人民出版社 2009 年版，第 35 页。

共同目的而必须实现的和睦的与自觉的合作。”[①] 这个论断表明了马克思主义经典作家在民族国家问题上的基本立场：在一个国家内部，应当消除地区割据，建立起统一的民族国家，而且，统一的民族国家还必须是独立的民族国家；但是，如果从全世界无产阶级的角度来看，民族性应当服从世界性，全世界的无产者应当超越民族性，进而走向“全世界无产者，联合起来”的目标。在此必须强调的是，民族国家的独立和统一是前提条件，只有在民族独立和民族统一的前提下，无产阶级的国际联合才有可能。这就是马克思、恩格斯在民族国家问题上的基本观点。

按照马克思、恩格斯的论述，民族国家是 15 世纪才开始出现的。在西方历史上，民族国家是在基督教世界这个母体中萌生出来的新生事物。尽管民族国家是中世纪进步的最重要的杠杆之一，但在马克思、恩格斯的著作中，并没有过分突出民族国家的意义，因为马克思、恩格斯更加看重的毕竟还是无产阶级，以及世界无产阶级之间的联合。

毫无疑问，马克思、恩格斯的民族国家理论是中国宪法序言规定多民族国家、民族关系、民族主义的理论依据。除此之

① 《马克思恩格斯文集》第二卷，人民出版社 2009 年版，第 26 页。

外，对于中国作为多民族国家的理论与实践而言，作为马克思主义的思想渊源之一的德国古典哲学，特别是费希特论述的民族主义，也是中国的民族国家理论的重要渊源。

1807 年 4 月至 1808 年 3 月，费希特在柏林作了 14 次演讲，这些演讲稿汇聚起来就是流传至今的名著《对德意志民族的演讲》。在这部著作中，费希特提出了民族复兴的途径与意义，设想了拯救德意志民族的方法，勾画了德意志民族复兴的前景。他告诉他的听众，德意志民族复兴的根本，就在于建立一种纯粹、高尚、伟大的精神，以之作为一种坚定不移的基础，“世界上的某个民族最终将在这种基础之上建立起最高尚、最纯洁的和人类还从未有过的道德，它在以后的一切时代都将得到保证，并将从这个民族出发，被传播给其他民族”。[①] 费希特还告诉他的听众，一个高尚的人，“他对自己的民族的爱，首先是尊重、信赖和喜爱自己的民族，对自己来自这个民族感到自豪，其次是为自己的民族活动、效力和献身。神圣东西出现在这个民族当中，神圣东西尊重这个本原民族，把它当做自己的外壳和自己直接影响世界的身段；因此，从这个民族当中

① ［德］费希特:《对德意志民族的演讲》，梁志学、沈真、李理译，商务印书馆 2010 年版，第 196 页。

还会继续迸发出神圣东西。对高尚的人来说，生命单纯作为生命，作为不断变换的具体存在，反正从来都没有什么价值，他只是把生命当做持久存在者的源泉，才想要生命；但是向他预示这种持久存在的希望的，也只有他的民族的独立延续；为了挽救他的民族，他甚至必定愿意去死，以使他的民族能生存下去，使他在他的民族中能过他向来就想过的独一无二的生活。”[①] 按照这样的论述，一个人首先是民族的人，没有民族就没有个体，民族独立应当作为排序最靠前的价值准则，也是一个人最应当追求的目标。为了本民族的生存与独立，一个人应当在所不惜。

费希特发表演讲的初衷，主要在于挽救他的德意志民族；他没有想到的是，他关于民族主义的这些论述，对百年以后的中国产生了深远的影响。1915 年，梁启超在《菲斯的人生天职论述评》一文中，介绍了费希特的这篇《对德意志民族的演讲》。[②] 四年后的 1919 年，毛泽东在《湘江评论》上发表《德意志人沉痛的签约》一文，提到费希特等德国哲学家对德意志

① ［德］费希特：《对德意志民族的演讲》，梁志学、沈真、李理译，商务印书馆 2010 年版，第 125—126 页。

② 梁启超：《梁启超全集》，北京出版社 1999 年版，第 2750 页。

民族“倔强”特质的塑造之功[①]由此可见，费希特等人对民族精神、民族意识的阐释，特别是对民族主义的弘扬，得到了梁启超与毛泽东的高度认同。

从梁启超到毛泽东，都认同费希特论述的民族主义。他们的认同态度在那个时代颇具代表性，背后的根本原因在于：那个时代的中华民族遭遇了亘古未有的民族危机。特别是到了20世纪30年代，随着日本侵华愈演愈烈，中华民族面临的危机也越来越深重。1935年，田汉创作的《义勇军进行曲》传遍中华大地，尤其是“中华民族到了最危险的时候”一语，标志着民族精神在中国的全面觉醒。可以说，从19世纪末期的甲午中日战争到20世纪30年代开始的抗日战争，数十年间，中国人的民族精神与民族意识得到了全面的唤醒。在这样的背景下，费希特在《对德意志民族的演讲》中所强化的民族主义与民族复兴精神，恰好满足了中国人的情感需求与思想需求。

在学术界，贺麟于1941年写成的《论人的使命》一文中，还为费希特贴了一个标签：“奠定德意志民族复兴精神基础的哲学家。”[②]在1943年写成的《纳粹毁灭与德国文化》一文中，

① 中共中央文献研究室、中共湖南省委《毛泽东早期文稿》编辑组：《毛泽东早期文稿》，湖南出版社1990年版，第352页。

② 贺麟：《文化与人生》，商务印书馆2015年版，第85页。

贺麟进一步认为，“费希特以自由观念为其全部哲学的中心思想，他的告德意志国民演讲，为被压迫的民族反抗侵略，争取民族的自由复兴，奠定精神的基础。”[①] 贺麟关于费希特的这种定性与定位，其实体现了中华民族在抗日战争最艰难时期的迫切需求。贺麟既是在讲费希特的哲学，其实也是在讲中国当时最大的现实：“反抗侵略，争取民族的自由复兴”。正是因为费希特的演讲满足了当时中国的普遍需要，他受到了当时的中国知识界的广泛关注。冯友兰在抗战期间写成的《新事论》一书中，还对此进行了回应：“有些人，亦常说：我们要发扬我们的民族精神，我们要恢复我们的民族自信力。但一说到此，他即说：我们必须有人学德国的费希特。这一句话即表示他自己没有民族自信力。这一句话所表示的心理，亦是殖民地人的心理。”[②] 冯友兰虽然批评了“学德国的费希特”这样一种当时流行的观点，但他的批评其实也从一个相反的方向表明，费希特宣扬的民族主义对中国思想界已经产生的极其广泛的影响。

以上分析表明，中国宪法序言对多民族国家的规定，主要是两种思想资源与中国实际相结合的产物。一方面，是居于指

---

① 贺麟：《文化与人生》，商务印书馆 2015 年版，第 176 页。

② 冯友兰：《贞元六书》，华东师范大学出版社 1996 年版，第 349 页。

导地位的马克思主义的民族国家理论。马克思主义经典作家论述了“创立民族国家”的必要性，并要求民族国家应当是独立的、统一的民族国家。这是当代中国根据实际情况，建立多民族国家、处理民族关系的思想准则与理论依据。另一方面，是由费希特所代表的民族主义思想。这种思想通过影响梁启超、毛泽东，特别是通过《义勇军进行曲》这样的载体，影响了千千万万的中国人，构成了现代中国具有普遍意义的一般知识、一般观念。当然，马克思主义的民族国家理论与费希特的民族主义思想也不能截然分开，因为费希特作为德国古典哲学的重要代表，同样构成了马克思主义的思想渊源。从这个意义上，我们可以说，是渊源于德国古典哲学的马克思主义民族国家理论，塑造了中国宪法序言所确认的多民族国家与民族关系。

当然，中国宪法序言所确认的多民族国家与民族关系，归根到底还是中国历史与中国实践的产物，是传统的天下体系演进到万国体系的产物。19 世纪晚期，西方的民族国家理论及实践为中国提供了强大的示范效应。在那些“强权”的民族国家的威逼之下，中国人民在马克思主义的引领下，缔造了自己的多民族国家，形成了平等团结互助和谐的民族关系。中国宪法序言主要是确认了这个基本的事实，记载了这个客观的过程。

五　"自由人联合体"：中国与人类命运共同体

如果说，今天的中国宪法序言是一篇面向世界的"中国论"，那么，这篇"中国论"还得论及中国与世界的关系。宪法序言关于中国与世界相互关系的规定，集中体现在宪法序言第12自然段："中国革命、建设、改革的成就是同世界人民的支持分不开的。中国的前途是同世界的前途紧密地联系在一起的。中国坚持独立自主的对外政策，坚持互相尊重主权和领土完整、互不侵犯、互不干涉内政、平等互利、和平共处的五项原则，坚持和平发展道路，坚持互利共赢开放战略，发展同各国的外交关系和经济、文化交流，推动构建人类命运共同体；坚持反对帝国主义、霸权主义、殖民主义，加强同世界各国人民的团结，支持被压迫民族和发展中国家争取和维护民族独立、发展民族经济的正义斗争，为维护世界和平和促进人类进步事业而努力。”

这个段落重申了中国政府在20世纪50年代提出的和平共处五项原则。在国际法与国际关系领域，和平共处五项原则一般被视为中国对国际法基本原则的贡献，体现了中国人民与中国政府处理国际关系的基本准则。从这个角度来看，宪法序言中的这个段落规定了中国与其他国家相互交往的准则。但是，在这个段落中，更值得注意的内容是中国与世界的关系。这个段落直接把中国置于世界之中，既让中国从传统的“面向四夷的中国”变成了现代的“面向世界的中国”，也让中国从被动面向世界的中国变成了主动面向世界的中国。更加重要的是，中国不仅是主动面向世界的中国，而且还要推动构建人类命运共同体——这样一种面向世界的积极姿态，是2018年才写进宪法序言的，可以说是“中国论”的最新表述之一，那么，如何理解这一最新表述？

从思想渊源来看，人类命运共同体作为一种“世界观”与“人类观”，既是马克思主义中国化的产物，同时也是对中国传统思想与西方思想传统进行创造性转化的产物。

就马克思主义的演进历程来看，早在1845年至1846年完成的《德意志意识形态》中，马克思、恩格斯就已经注意到，工业革命以后，大工业“首次开创了世界历史，因为它使每个文明国家以及这些国家中的每一个人的需要的满足都依赖于整个世界，因为它消灭了各国以往自然形成的闭关自守的状态”。[①]马克思、恩格斯在此所说的“世界历史”，是指人类作为一个整体的历史，或人类共同的历史。在这个历史过程中，每个国家以及这些国家中的每一个人，不分国界，都形成了相互依赖的关系。这样的相互依赖，就蕴含了人类命运共同体的要义。而所谓“世界历史”，其实就是这样一个共同体的历史。从历史唯物主义的立场来看，“历史向世界历史的转变，不是‘自我意识’、世界精神或者某个形而上学幽灵的某种纯粹的抽象行动，而是完全物质的、可以通过经验证明的行动，每一个过着实际生活的、需要吃、喝、穿的个人都可以证明这种行动。”而且，“每一个单个人的解放的程度是与历史完全转变为世界历史的程度一致的。”[②]按照这样的论断，世界历史不仅是人类命运共同体的历史，同时也是每一个人获得解放的历史。

通常认为，1848年的《共产党宣言》是马克思主义正式诞生的标志。在这篇文献中，马克思、恩格斯继续在“世界历史”

---

① 《马克思恩格斯文集》第一卷，人民出版社2009年版，第566页。

② 《马克思恩格斯文集》第一卷，人民出版社2009年版，第541页。

的框架下，对相互依赖的人类命运做出了新的思考，从而发现："资产阶级，由于开拓了世界市场，使一切国家的生产和消费都成为世界性的了。"在这个过程中，"过去那种地方的和民族的自给自足和闭关自守状态，被各民族的各方面的互相往来和各方面的互相依赖所代替了。物质的生产是如此，精神的生产也是如此。各民族的精神产品成了公共的财产。"① 这就是说，各个民族不仅在物质产品上相互依赖，在精神产品上也是相互依赖的。由于物质纽带与精神纽带的交互叠加，人类作为一个命运的共同体，形成了更加紧密的联系。而且，正是在《共产党宣言》中，马克思、恩格斯以"联合体"表达了"共同体"的旨趣，并指出了未来的联合体（亦即共同体）的特质："代替那存在着阶级和阶级对立的资产阶级旧社会的，将是这样一个联合体，在那里，每个人的自由发展是一切人的自由发展的条件。"②

每个人的自由发展是一切人的自由发展的条件，这样的社会，这样的"自由人联合体"，③ 其实就是共产主义的人类共

① 《马克思恩格斯文集》第二卷，人民出版社 2009 年版，第 35 页。
② 《马克思恩格斯文集》第二卷，人民出版社 2009 年版，第 53 页。
③ 在 1867 年的《资本论》第一卷中，马克思说："让我们换一个方面，设想有一个自由人联合体，他们用公共的生产资料进行劳动，并且自觉地把他们许多个人劳动力当做一个社会劳动力来使用。"《马克思恩格斯文集》第五卷，人民出版社 2009 年版，第 96 页。

同体或共产主义社会，当然也可以理解为克服了“人的信赖性”“物的依赖性”之后的自由个性社会。因为，在《政治经济学批判（1857—1858年手稿）》中，马克思已经把“社会形式”的演进划分为三个阶段，其中，“人的依赖关系（起初完全是自然发生的），是最初的社会形式，在这种形式下，人的生产能力只是在狭小的范围内和孤立的地点上发展着。以物的依赖性为基础的人的独立性，是第二大形式，在这种形式下，才形成普遍的社会物质变换、全面的关系、多方面的需要以及全面的能力的体系。建立在个人全面发展和他们共同的、社会的生产能力成为从属于他们的社会财富这一基础上的自由个性，是第三个阶段。第二个阶段为第三个阶段创造条件。”[①] 在第三个阶段，个人得到全面发展，生产能力和社会财富都是共同的。这样的自由个性社会，其实就是共产主义社会，就是未来的人类命运共同体。因为，无论是在《共产党宣言》中，还是在《政治经济学批判（1857—1858年手稿）》中，马克思对共产主义社会或“自由人联合体”的构想，都没有局限于某个特定的国家，都是面向整个人类世界的，都是对人类命运共同体的构想。

① 《马克思恩格斯文集》第八卷，人民出版社2009年版，第52页。

如果再往前追溯，那么，马克思、恩格斯立足于“世界历史”这个概念，培育出来的“自由人联合体”思想与共产主义思想，还可以在德国古典哲学中找到它的思想渊源。追根溯源，马克思主义的一个重要的思想渊源就是德国的古典哲学。马克思毕竟是在德国古典哲学的思想土壤里，以思想批判的方式，开启其漫长的思想探索历程的。

先看康德的《法的形而上学原理——权利的科学》，在这部著作的末尾，康德设想：“一个为了维护和平的若干国家的联合体，可以称之为各民族的永久性的联合大会；每一个邻近的民族都可以自由参加。从各民族要求维护和平的民族权利来看，这样的一个联合体的组织形式，至少在本世纪前半叶已经出现了，它就是海牙的国际大会。”[①] 由此看来，是海牙的国际大会，启示了康德的“各民族的永久性的联合大会”这一构想。这样“一个普遍的、和平的联合体（如果还是友好的，它也是地球上可以彼此发生积极关系的一切民族的联合体）的理性观念，是一种法律的原则，它不同于博爱的或伦理的原则。”[②]

① [德]康德：《法的形而上学原理——权利的科学》，沈叔平译，商务印书馆2001年版，第188页。

② [德]康德：《法的形而上学原理——权利的科学》，沈叔平译，商务印书馆2001年版，第189页。

区别于伦理原则的法律原则，意味着这样一个联合体可以成为一个制度性的联合体，因为法律的真实含义其实就是实体性的制度。

在各民族组成的联合体中，公民既是国家的公民，同时也是世界的公民，因此，应当关注“世界公民观点下的普遍历史观念”，康德为此提出的命题是：“把普遍的世界历史按照一场以人类物种的完美的公民结合状态为其宗旨的大自然计划来加以处理的这一哲学尝试，必须看作是可能的，并且甚至还是这一大自然的目标所需要的。”① 在《永久和平论》一文中，康德再次论述了世界公民及其权利，他说：“世界公民权利的观念就不是什么幻想的或夸诞的权利表现方式，而是为公开的一般人类权利，并且也是为永久和平而对国家权利与国际权利的不成文法典所作的一项必要的补充。唯有在这种条件之下，我们才可以自诩为在不断地趋近于永久和平。”② 康德在此强调的“一般人类权利”和“永久和平”，其实就蕴含了人类命运共同体的观念。

① ［德］康德：《历史理性批判文集》，何兆武译，商务印书馆1997年版，第18页。

② ［德］康德：《历史理性批判文集》，何兆武译，商务印书馆1997年版，第118页。

在康德之后，黑格尔重述了“世界历史”的观念。《法哲学原理》一书论述的最后一个环节就是“世界历史”。黑格尔说：“普遍精神的定在的要素，在艺术中是直观和形象，在宗教中是感情和表象，在哲学中是纯自由思想，而在世界历史中是内在性和外在性全部范围的精神现实性。”[①] 这就是说，世界历史是比艺术、宗教、哲学更具整体性的目标，普遍精神只有在世界历史中才能得到全面的实现。进一步看，“由于精神是自在自为的理性，而在精神中理性的自为存在是知识，所以世界历史是理性各环节光从精神的自由的概念中引出的必然发展，从而也是精神的自我意识和自由的必然发展。这种发展是普遍精神的解释和实现。”[②] 黑格尔在此阐述的“世界历史”，既是对康德的“世界历史”概念的延伸，同时也为马克思、恩格斯所借鉴，成为马克思、恩格斯论述其“世界历史”“自由人联合体”“自由个性”以及共产主义的思想渊源。

“东海西海，心理攸同”，[③] 人类命运共同体的思想渊源既

---

① ［德］黑格尔：《法哲学原理》，范扬、张企泰译，商务印书馆 1982 年版，第 351 页。

② ［德］黑格尔：《法哲学原理》，范扬、张企泰译，商务印书馆 1982 年版，第 352 页。

③ 钱钟书：《谈艺录·序》，生活·读书·新知三联书店 2007 年版，第 1 页。

见于西方，也见于传统中国。从根源上说，人类命运共同体思想的提出，既有马克思主义提供的思想指导，同时也是对中国传统思想文化进行创造性转换的结果。在中国固有的思想谱系中，源远流长的“天下大同”观念，实为人类命运共同体思想之滥觞。《尚书·尧典》开篇就描述了这样一个大同的天下及其由来：帝尧“克明俊德，以亲九族。九族既睦，平章百姓。百姓昭明，协和万邦”。[①] 按照这样的记载，华夏文明史上的第一个共同体是帝尧建构起来的。具体地说，帝尧是这个共同体赖以建立的发动机。源出于帝尧的德性首先感化了他身边的“九族”，然后延伸到较远的“百姓”，最后“协和”了范围更大的“万邦”。经由这个由近及远的过程“协和”起来的“万邦”，既是一个政治的共同体，又是一个文化的共同体，当然也是一个命运的共同体，而且，这个命运的共同体指向了整个人类——只要是与“禽”相对应的“人”组成的共同体，都在这个命运共同体之内。按照《尧典》，帝尧是传统中国第一个“人类命运共同体”的构建者。

由帝尧“协和”起来的“万邦”，其实就是一个大同的天下，或者说是“天下大同”这样一种状态。天下大同就是天

① 曾运乾注：《尚书》，黄曙辉校点，上海古籍出版社2015年版，第3页。

下一家。《礼记》称："故圣人耐以天下为一家，以中国为一人者，非意之也，必知其情，辟于其义，明于其利，达于其患，然后能为之。"[①] 天下既然是一家，那么，天子就是普天之下的人类所结成的命运共同体的象征。无论是《史记·高祖本纪》所说的"天子以四海为家"，[②] 还是《盐铁论》所说的"天子以天下为家"，[③] 都旨在说明，天子是四海之内所有人共同拥戴的、象征着人类命运共同体的一个符号。可见，在传统中国的观念里，无论是"天下"，还是"四海之内"，都可以归属于一个政治的、文化的、命运的共同体。《春秋公羊传》还有一个论断："王者无外，言奔，则有外之辞也。"[④] 这就是说，对于周王室或周天子的天下来说，根本就没有"国外"或"境外"的概念。这就仿佛在人类命运共同体之外，没有其他的人类群体，至少没有其他具有正当意义的人类群体。

按照宪法序言的规定，人类命运共同体需要积极主动的"构建"，这种"构建人类命运共同体"的观念，特别是其中所体现的理性主义与能动主义原则，在《管子》一书中被表述为

---

① 王文锦译解:《礼记译解》，中华书局 2016 年版，第 268 页。

② （汉）司马迁:《史记》，中华书局 2006 年版，第 81 页。

③ 陈桐生译注:《盐铁论》，中华书局 2015 年版，第 323 页。

④ 黄铭、曾亦译注:《春秋公羊传》，中华书局 2016 年版，第 12 页。

“创制天下”。《管子·霸言》称：“创制天下，等列诸侯，宾属四海，时匡天下。大国小之，曲国正之，强国弱之，重国轻之，乱国并之，暴王残之。僇其罪，卑其列，维其民，然后王之。”[①]这就是管子提出的“创制天下”的方法论，只要按照这样的方法论与路线图，“然后王之”，就可以结束纷乱的格局，重新创制“王者无外”、天下大同的人类命运共同体。

从理论上说，“构建人类命运共同体”作为面向世界的“中国论”的一个重要论点，是马克思主义与新时代的中国实践相结合的产物，它既可以在德国古典哲学中找到更加深厚的思想根基，也可以在中国古典政治理论中得到有效的解释。就现实来看，宪法序言关于“构建人类命运共同体”的规定，是针对人类发展的新格局提出来的。20 世纪以来，随着科学技术的跨越式发展，特别是交通、通信技术的快速提升，以及资源在世界范围内的广泛流动，已经促使世界人民更加紧密地联系在一起。这种新的世界形势与国际秩序，期待着人类命运共同体的有效建构。因此，人类命运共同体的提出，反映了中国面对这个新世界的积极态度。

① （唐）房玄龄注，（明）刘绩补注：《管子》，上海古籍出版社 2015 年版，第 165 页。

六　中国宪法序言作为面向世界的“中国论”

最后，再看宪法序言的第 13 个自然段，亦即宪法序言的末段：“本宪法以法律的形式确认了中国各族人民奋斗的成果，规定了国家的根本制度和根本任务，是国家的根本法，具有最高的法律效力。全国各族人民、一切国家机关和武装力量、各政党和各社会团体、各企业事业组织，都必须以宪法为根本的活动准则，并且负有维护宪法尊严、保证宪法实施的职责。”这是对宪法性质及其效力的规定。按照这样的规定，宪法“具有最高的法律效力”与极其广泛的约束力。那么，这种“最高的法律效力”从何而来？从实质上看，宪法是全国人民代表大会经过法定程序确认的，因此“具有最高的法律效力”。但是，倘若要从形式上看，“最高的法律效力”就来自宪法序言的明文规定，是宪法序言规定了宪法“具有最高的法律效力”。

宪法序言为什么可以做出这样的规定？原因在于，宪法序言是宪法正文赖以悬置的天花板，这个天花板就是“中国”本身，“中国宪法”是根据“中国”制定的“宪法”，“中国宪法”依赖于“中国”，“中国”对“中国宪法”具有不容置疑的规定性。因而，“中国”是什么，“中国宪法”就应当是什么。那么，“中国”是什么？对这个问题的回答，或者说，关于“中国是什么”的解释、说明与论证，正是宪法序言的核心职能与根本任务。由于宪法序言回答了“中国是什么”，规定了“中国”的含义与意义，宪法正文以及根据宪法制定的法律也就由此而确定。如前文所述，中国宪法序言作为当代中国人民通过全国人大法定程序确认的“中国论”，它对“中国是什么”的回答主要体现为四对范畴：历史与阶级意识，统一祖国与统一战线，多民族国家与民族关系，以及中国与人类命运共同体。这四对范畴，大致可以描述一个立体的、整体的中国。这四对范畴既相对独立，同时又形成了彼此交错的关系。

大致说来，“历史与阶级意识”揭示了当代中国的根基。“历史”既是马克思主义的方法的本质，其实也是中国固有的方法，正如学者所见，“历史乃中国精神世界之根基，这一点似乎是众多学人的共识（不排除有不同看法），也是古人一种代表性的理解，所谓‘六经皆史’。以历史为本的精神世界之所以成为一个需要分析的问题，是因为这个精神世界以独特的方式处理了形而上学问题。”① 在中国宪法序言中，通过“历史”处理的形而上学问题，主要是“从何说起”的问题。具体地说，“历史”构成了宪法序言论述中国、言说中国的逻辑起点。至于“阶级意识”，则是马克思主义的指导地位在当代中国的直观体现。“统一战线”是马克思主义彻底中国化的产物，同时也具有深厚的历史基础。在相当程度上，“统一战线”与“统一祖国”是传统中国的“大一统”与现代中国的现实格局融会贯通的产物。理解“统一祖国”与“统一战线”，既需要“历史”的方法，这是毫无疑义的，同时也需要“阶级意识”，因为“统一战线”是一个无产阶级政党在实践过程中找到的一大法宝。“多民族国家与民族关系”是现代性的产物，也是民族意识觉醒的产物。从历史的角度来看，多民族国家与民族关系，由古老的华夷关系蜕变而来，是中国走出华夷格局、走向万国体系的必然结果。至于中国置身于其中的“人类命运共同体”，既是马克思主义经典作家强调的“自由人联合体”的中国化表达，又是对古代的天下大同思想的创造性转化，更是对中国必

① 赵汀阳:《历史、山水及渔樵》，载《哲学研究》2018 年第 1 期。

须面向之世界的直接回应。

叙述至此，让我们回到本文开头提出的问题：如何在21世纪的时代背景下重建有关“中国”的论述？简而言之，如何重建“中国论”？本文的研究发现，中国宪法序言就是一篇面向世界的“中国论”，宪法序言文本中的“历史”“阶级”“统一”“民族”“人类命运共同体”，等等，都是宪法序言文本中的关键词。本文根据这些关键词建构起来的四对范畴，构成了解释中国的基本框架。概而言之，中国宪法序言作为一篇“中国论”，既是一篇马克思主义的“中国论”，也是一篇扎根中国、面向世界的“中国论”。

原文以《面向世界的“中国论”》为题，
载《河南大学学报》2019年第3期，
修订后收入本书。

主要参考文献①

第一部分

《马克思恩格斯全集》(第一卷),人民出版社 1956 年版。

《马克思恩格斯全集》(第三卷),人民出版社 1960 年版。

《马克思恩格斯全集》(第三十三卷),人民出版社 1973 年版。

《马克思恩格斯全集》(第三十九卷),人民出版社 1974 年版。

《马克思恩格斯全集》(第四十五卷),人民出版社 1985 年版。

《马克思恩格斯全集》(第四十六卷上册),人民出版社

① 这篇《主要参考文献》是张青卫博士整理的,在此向张青卫博士表示谢意。

1979 年版。

《马克思恩格斯文集》(第一卷)，人民出版社 2009 年版。

《马克思恩格斯文集》(第二卷)，人民出版社 2009 年版。

《马克思恩格斯文集》(第三卷)，人民出版社 2009 年版。

《马克思恩格斯文集》(第四卷)，人民出版社 2009 年版。

《马克思恩格斯文集》(第五卷)，人民出版社 2009 年版。

《马克思恩格斯文集》(第八卷)，人民出版社 2009 年版。

《马克思恩格斯文集》(第九卷)，人民出版社 2009 年版。

《马克思恩格斯选集》(第一卷)，人民出版社 2012 年版。

《马克思恩格斯选集》(第四卷)，人民出版社 2012 年版。

《列宁全集》(第二十四卷)，人民出版社 1990 年版。

《列宁全集》(第三十七卷)，人民出版社 1986 年版。

《列宁选集》(第一卷)，人民出版社 2012 年版。

《陈独秀文集》(第二卷)，人民出版社 2013 年版。

《李大钊全集》(第四卷)，人民出版社 2013 年版。

《毛泽东选集》(第二卷)，人民出版社 1991 年版。

《毛泽东选集》(第四卷)，人民出版社 1991 年版。

《毛泽东文集》(第二卷)，人民出版社 1993 年版。

《刘少奇选集》(上卷)，人民出版社 1981 年版。

第二部分

高亨注:《诗经今注》，上海古籍出版社 2009 年版。

王秀梅译注:《诗经》，中华书局 2015 年版。

曾运乾注:《尚书》，黄曙辉校点，上海古籍出版社 2015 年版。

徐正英、常佩雨译注:《周礼》，中华书局 2014 年版。

王文锦译解:《礼记译解》，中华书局 2016 年版。

黄铭、曾亦译注:《春秋公羊传》，中华书局 2016 年版。

（汉）何休解诂，（唐）徐彦疏:《春秋公羊传注疏》，刁小龙整理，上海古籍出版社 2013 年版。

（宋）朱熹撰:《四书章句集注》，中华书局 2011 年版。

杨伯峻译注:《论语译注》，中华书局 2012 年版。

杨伯峻译注:《孟子译注》，中华书局 2012 年版。

（汉）司马迁:《史记》，中华书局 2006 年版。

（汉）班固:《汉书》，中华书局 2007 年版。

（唐）房玄龄等:《晋书》，中华书局 2000 年版。

（唐）房玄龄注，（明）刘绩补注:《管子》，上海古籍出版社 2015 年版。

许富宏撰:《慎子集校集注》，中华书局 2013 年版。

方勇译注:《庄子》，中华书局 2015 年版。

方勇、李波译注:《荀子》，中华书局 2015 年版。

陈桐生译注:《盐铁论》，中华书局 2015 年版。

（宋）石介:《徂徕石先生文集》，陈植锷点校，中华书局 1984 年版。

（宋）朱熹:《朱子全书》（第十四册），上海古籍出版社、安徽教育出版社 2002 年版。

罗炳良译注:《文史通义》，中华书局 2012 年版。

（清）李鸿章:《李鸿章全集》（第二册），海南出版社 1997 年版。

第三部分

[德] 康德:《法的形而上学原理——权利的科学》，沈叔平译，商务印书馆 2001 年版。

[德] 康德:《历史理性批判文集》，何兆武译，商务印书馆 1997 年版。

[德] 费希特:《对德意志民族的演讲》，梁志学、沈真、李理译，商务印书馆 2010 年版。

[德] 黑格尔:《法哲学原理》，范扬、张企泰译，商务印书馆 1982 年版。

［德］黑格尔：《历史哲学》，王造时译，上海书店出版社2006年版。

［德］萨维尼：《论立法与法学的当代使命》，许章润译，中国法制出版社2001年版。

［瑞士］巴霍芬：《母权论：对古代世界母权制宗教性和法权性的探究》，孜子译，生活·读书·新知三联书店2018年版。

［美］摩尔根：《古代社会》，杨东莼、马雍、马巨译，商务印书馆2011年版。

［英］梅因：《古代法》，沈景一译，商务印书馆1997年版。

［德］马克斯·韦伯：《经济与历史　支配的类型》，康乐等译，广西师范大学出版社2010年版。

［匈］卢卡奇：《历史与阶级意识——关于马克思主义辩证法的研究》，杜章智、任立、燕宏远译，商务印书馆1992年版。

［德］施米特：《政治的浪漫派》，冯克利、刘锋译，上海人民出版社2004年版。

［美］马尔库塞：《单向度的人：发达工业社会意识形态研究》，刘继译，上海译文出版社2014年版。

［德］海因里希·格姆科夫等：《恩格斯传》，易廷镇、侯焕良译，人民出版社2000年版。

［苏］安德列耶夫等：《古代世界的城邦》，张竹明等译，

华东师范大学出版社 2011 年版。

［美］戈登:《控制国家：西方宪政的历史》，应奇等译，江苏人民出版社 2001 年版。

第四部分

夏东元编:《郑观应集》(上册)，上海人民出版社 1982 年版。

郑大华点校:《新政真诠：何启、胡礼垣集》，辽宁人民出版社 1994 年版。

孙中山:《孙中山全集》(第二卷)，中华书局 1982 年版。

尚秉和:《周易尚氏学》，张善文点校，中华书局 2016 年版。

梁启超:《梁启超全集》，北京出版社 1999 年版。

左玉河编:《中国近代思想家文库·杨度卷》，中国人民大学出版社 2015 年版。

黄炎培:《八十年来》，文史资料出版社 1982 年版。

邹容:《革命军》，中华书局 1958 年版。

陈寅恪:《陈寅恪集·诗集·附唐筼诗存》，生活·读书·新知三联书店 2001 年版。

欧阳哲生编:《胡适文集》(第九册)，北京大学出版社

2013 年版。

顾颉刚编著：《古史辨》（第一册），上海古籍出版社 1982 年版。

钱穆：《中国文化史导论》，九州出版社 2011 年版。

冯友兰：《贞元六书》，华东师范大学出版社 1996 年版。

吴文藻：《论社会学中国化》，商务印书馆 2010 年版。

贺麟：《文化与人生》，商务印书馆 2015 年版。

杨向奎：《大一统与儒家思想》，北京出版社 2016 年版。

费孝通著，方李莉编：《全球化与文化自觉——费孝通晚年文选》，外语教学与研究出版社 2013 年版。

钱钟书：《钱钟书集：谈艺录》，生活·读书·新知三联书店 2007 年版。

龚育之、逄先知、石仲泉：《毛泽东的读书生活》，生活·读书·新知三联书店 2009 年版。

李泽厚：《历史本体论》，生活·读书·新知三联书店 2002 年版。

金观涛、刘青峰：《观念史研究：中国现代重要政治术语的形成》，法律出版社 2010 年版。

张祥龙：《〈尚书·尧典〉解说：以时、孝为源的正治》，生活·读书·新知三联书店 2015 年版。

葛兆光:《宅兹中国:重建有关“中国”的历史论述》,中华书局2011年版。

蔡定剑:《宪法精解》,法律出版社2006年版。

喻中:《法律文化视野中的权力》,法律出版社2013年版。

喻中:《法家的现代性》,法律出版社2018年版。

第五部分

马承源:《何尊铭文初释》,载《文物》1976年第1期。

王人博:《中国现代性的椭圆结构——“八二宪法”中的“建设者”述论》,载《文史哲》2018年第2期。

徐国栋:《家庭、国家和方法论——现代学者对摩尔根〈古代社会〉和恩格斯〈家庭、私有制和国家的起源〉之批评百年综述》,载《中外法学》2002年第2期。

赵汀阳:《历史、山水及渔樵》,载《哲学研究》2018年第1期。

陈建樾:《单一民族国家还是多民族国家:近代中国构建现代国家的解决方案之争》,载《清华大学学报》2018年第5期。

黄洋:《试论荷马社会的性质与早期希腊国家的形成》,载《世界历史》1997年第4期。

熊美娟、李凤欣:《阶级话语的发展与变迁——基于〈人民日报〉社论（1978—2016）的分析》，载《广州大学学报》2018年第7期。

郝在今:《〈中国法制家——彭真的一个世纪〉——为共和国第四部宪法呕心沥血》，载《山东人大工作》2002年第11期。

跋

这部《法理四篇》写于2018年，时值戊戌，因此也可以叫做《戊戌四篇》。依照郭沫若的《甲申三百年祭》，这部《法理四篇》还可以叫做《戊戌一百二十年祭》。在中国近代史上，“戊戌变法”既是一个沉淀已久、内涵丰富的概念，同时也是一个重大的历史事件。顾名思义，“戊戌变法”的重心在于“变法”。那么，120年以降，中国的“法”是如何“变”的？中国的“法”是朝着什么方向“变”的？如何描绘“变法”进程中的千端经纬、万顷洪水？这样一些历史问题，暂且置而不论。然而，经过“变”革之后的“法”，是由什么理据支撑起来的？则是一个严肃的法理问题。

这是一个什么样的“法理问题”？这里的“法理”二字应当如何理解？对此，陈少明在《走向后经学时代》一文中曾略微提及，他把帝制崩溃、经学瓦解之后的现代称为“后经学时代”。他提出的“后经学时代”作为一个概念，包含了两层意思：“其一，在社会政治层次上，经学失却其合法性依据的地位，中国社会形式上走向法理化的时代；其二，在学术文化的层次上，对经的研究不必站在宗经的立场上。”（详见陈少明：《汉宋学术与现代思想》，广东人民出版社 1995 年版，第 128 页）关于其中的“学术文化的层次”，这里暂且不论。这里只说“在社会政治层次上”，古今之间确实存在着一个明显的转变：从汉代至清末，中国社会政治合法性的终级依据是由“经学”提供的；自辛亥革命以来，中国“走向法理化的时代”，合法性的终级依据转而由“法理”提供。着眼于此，我们可以说，从合法性依据的角度来看，中国的古今之变，就是一个从经学向法理的转变。古代的“经学”问题变成了现代的“法理”问题，这样的“法理”实为古代“经学”的替代物。这部《法理四篇》就试图阐释这样的“法理”问题。

这部书虽然是在 2018 年写成的，但是，这部书的酝酿过程，却可以追溯至 2012 年。那年冬天，我独自一人寄居在北京东三环外一间简易的寓所里，闲暇之时浏览杂书，偶然翻到一册《美国赖以立国的文本》。根据版权页，此书是上个世纪的作品，由美国人艾捷尔选编，美国兰登书屋 1997 年出版，原书名是 Words that Make America Great，中译者是赵一凡、郭国良，中译本由海南出版社2000年出版。这是一本美国文献汇编，书中收录的多数文献人所共知，或者说人所应知。譬如，开篇是1620年的《五月花号公约》，接着是1649年的《马里兰宽容法案》，诸如此类。书中收录的最晚近的文献，是微软公司1996年的年度报告。

进一步查看，“美国赖以立国的”近两百篇文献，被选编者分成15个不同的主题单元，它们分别是“兴国之始”“建立一个更完善的联邦”“合众为一”“天赋人权”“美国之梦”“渴望自由呼吸”“美国内战：合家之乱”“以人民的名义”“我郑重起誓”“原始美国人”“还权于民”“这是你的土地”“外交事务”“心中之火：全新的思想”“勇敢者的国度”。从这些文本的性质来看，多数都是具有法律约束力的法案、公约，还有一些代表性人物的代表性言论，譬如，“联邦党人”的论著节选，林肯总统的演讲，马丁·路德·金的《我有一个梦想》，希拉里·克林顿在北京世界妇女大会上的发言，甚至还有托克维尔、爱默生、梭罗、爱因斯坦的文字。这些五花八门的文本有一个共同的特点：产生了较大的、甚至是重大的影响，它们程度不等、领域各异地塑造了美国的政治、经济、社会、文化。在选编者及翻译者看来，它们堪称美国得以强大、赖以立国的文本。在我看来，这就是一本“美国说明书”或“美国文明秩序说明书”，因为它阐述了美国的立国之道、立政之道。在一定程度上，不太严格地说，它相当于美国的“四书五经”——如果没有那么精粹，那就相当于美国的“四书五经”的扩展版。

合上这本“美国说明书”，一个问题不禁油然而生：如果这些文本足以让美国这个国家赖以立国，那么，中国赖以立国的文本有哪些？或者说，“中国说明书”应该如何编写？哪些文本集中阐释了中国的文明秩序原理？在塑造中国的政治、经济、社会、文化诸方面，哪些文本最具代表性？通过哪些文本，可以让人更快捷、更高效、更深刻地理解中国的文明秩序原理？这显然是一个颇具诱惑力的法理问题。

但是，这又是一个很难回答、挑战性太强的问题。我很难像艾捷尔那样，编出一本《中国赖以立国的文本》。因为，这样的文本车载斗量，实在太多了。在中国历史上，朱子看重的《大学》《中庸》《论语》《孟子》自不必说，《诗》《书》《礼》《易》《春秋》难道不更加重要？特别是《春秋》一经，曾经作为裁判一切的终极依据，分量更重，甚至被人视为传统中国的宪法。经书之外的子书，譬如归在老子、庄子、荀子名下的文本能割舍？董仲舒、朱熹、王阳明留下的文本呢？还有史书，譬如《史记》以降的二十四史。还有集部之书，譬如，陶潜、李白、杜甫、苏轼的文集。还有深度塑造中国心灵的《坛经》，等等。众多熠熠生辉的文本，简直不胜枚举，似乎哪一篇都该入选。看来，华夏文明确实太厚重，以至于要编出一本《中国赖以立国的文本》，几乎是不可能的——除非弄一个庞大的“多库全书”，但那又是另外一个“项目”或“工程”了。

题目太大，弄不了。把目标缩小一点，把范围限制一下，行不行？譬如，不讨论“中国赖以立国的文本”；从时间上限定，只讨论“当代中国赖以立国的文本”，是否可能？我觉得还是可以尝试一下。当代中国虽然是传统中国的延伸，但当代中国较之于传统中国，已经出现了一些根本性的转向。传统中国赖以立国的很多文本，已经不能直接用来支撑当代中国的立国之道了。譬如，商鞅、韩非的作品是秦王朝赖以立政的文本，道家文献是西汉初期赖以立政的文本。但是，迁延至当代中国，这些文本曾经起到的支撑作用早已不复存在。《孝经》是传统中国赖以立国、赖以立政的文本，但在今天，“常回家看看”甚至都还需要由法院依据《中华人民共和国老年人权益保障法》来强制，真可谓沧海桑田。因此，当代中国赖以立国的文本必须另行寻找。那么，当代中国赖以立国、赖以立政的文本有哪些？更重要的问题还在于，当代中国赖以立国、赖以立政的文本应当如何理解？这就是说，不仅要寻找当代中国赖以立国、赖以立政的文本，还需要对这些文本做出必要的解释，以揭示并彰显它们蕴含的大义。

自2012年冬天以来，我一直在琢磨这样一些问题。数年间，我也曾就这些问题，反复请教过哲学界、史学界、法学界的多位先生。他们都给了我很多启示，促使我不断地校正自己思考的方向。直至今日，我历经多年的“长考”总算有了一个结果，这就是现在呈现给读者的这部《法理四篇》。书名中的“法理”一词，前面已经做了简要的说明。书名中的“四篇”，则包含了两层意思：其一，是指当代中国赖以立国、赖以立政的四篇经典文献，亦即《家庭、私有制和国家的起源》、《共产党宣言》、党章总纲、宪法序言；其二，是指我自己针对这四篇经典文献的研究而形成的四篇文字。两者之间，虽然“此四篇”是研究成果，“彼四篇”是研究对象，性质各异，但在数量上，都是“四篇”。因此，作为书名的“四篇”，可以兼指这两个意义上的“四篇”。

回望百年，成书四篇。知罪由人，欲辩忘言。古之道术，果恶乎在？华夏文明，知向谁边？

喻中，2019年9月，北京

图书在版编目(CIP)数据

法理四篇 / 喻中著 .—北京：中国法制出版社，2020.2
(2020.11重印)

ISBN 978-7-5216-0839-7

Ⅰ.①法… Ⅱ.①喻… Ⅲ.①法理学—中国—文集
Ⅳ.① D920.0-53

中国版本图书馆 CIP 数据核字(2020)第 021681 号

策划 / 责任编辑：侯鹏　　封面设计：李宁

法理四篇

FALI SIPIAN

著者 / 喻中

经销 / 新华书店

印刷 / 三河市紫恒印装有限公司

开本 / 880 毫米 ×1230 毫米　32 开　　印张 / 7.875　字数 / 128 千

版次 / 2020 年 2 月第 1 版　　2020 年 11 月第 2 次印刷

中国法制出版社出版

书号 ISBN 978-7-5216-0839-7　　定价：45.00 元

北京西单横二条 2 号　邮政编码 100031

传真：010-66031119

网址：http://www.zgfzs.com　　**编辑部电话：010-66060794**

市场营销部电话：010-66033393　　**邮购部电话：010-66033288**

(如有印装质量问题，请与本社印务部联系调换。电话：010-66032926)